華為任正非真面目

作者／李明亮

目錄

■第一章 華為接班人孟晚舟被抓 7
　　第一節 孟晚舟被抓後保釋 8
　　第二節 任正非的私生活 接班為何不選兒子 20
　　第三節 任正非：我的父親母親 34

■第二章 中共江派的情報白手套 39
　　第一節 六個事實 還原真實的華為 40
　　第二節 華為是中共江派的克格勃 52
　　第三節 戰鬥式狼群危害國內外 62

■第三章 孟晚舟案激化習江鬥 73
　　第一節 孟晚舟被抓 習近平沒出手 74
　　第二節 全球警惕中共竊密監控 82
　　第三節 加媒曝光挺華為的華人與中共關係緊密 92

■第四章 中興風波 習近平求情 97
　　第一節 中興華為面臨滅頂之災 98
　　第二節 特朗普放生中興與習討價還價 109
　　第三節 中興再被罰 14 億 中共顏面掃地 116

■第五章 張首晟墜亡之謎 121
　　第一節 孟晚舟張首晟牽出江綿恆 122
　　第二節 誰害死了一代英才張首晟 131
　　第三節 美媒：張首晟 15 歲成為中共情報戰略棋子 .. 154

■第六章 抓人質 孟晚舟被保釋 159
　第一節 「五眼聯盟」密會曝光 160
　第二節 孟晚舟不可能再接班 169
　第三節 中共連抓三加國人質 173

■第七章 華為 5G 地位與物聯網 185
　第一節 全球新焦點在於 5G 186
　第二節 物聯網帶來時代巨變 191
　第三節 華為 5G 在追趕中 195

■第八章 波蘭涉諜 孟晚舟慘了 209
　第一節 波蘭高管涉諜 加副總裁離職 華為成雷區 210
　第二節 伊朗敘利亞公司文件曝光 孟回國無望 220
　第三節 華為的成功點 危機下奮鬥 227

■第九章 任正非記者會越描越黑 231
　第一節 中共綁架人質 各國反擊流氓外交 232
　第二節 華為告急 任正非記者會越描越黑 238
　第三節 華為如何瞄準蘋果技術機密 253

■第十章 美國起訴 任正非辯解 259
　第一節 美國起訴華為及孟晚舟 啟動引渡程序 260
　第二節 任正非頻頻露面辯解 華為還能走多遠 266
　第三節 引渡孟晚舟結局分析 285

第一章

華為接班人
孟晚舟被抓

中國通訊設備巨頭華為首席財務官、創始人任正非的女兒孟晚舟 2018 年 12 月 1 日在加拿大被捕，事件引爆輿論焦點，不僅華為隱現接班人危機，中共外交部狂躁抗議，全球股市也因此瞬間暴跌。

2018 年 12 月 6 日加拿大蒙特利爾的《環球郵報》，大幅報導華為集團創始人任正非的大女兒孟晚舟被捕消息。（AFP）

第一節

孟晚舟被抓後保釋

華為首席財務官孟晚舟在加拿大被捕，面臨引渡美國受審。圖為 2018 年 12 月 11 日，加拿大法官裁決給予孟晚舟保釋。（AFP）

2018 年 12 月 1 日，應美國方面的要求，加拿大警方拘捕了華為創辦人任正非的女兒、現任華為公司首席財務官的孟晚舟。她涉違反美國對伊朗的貿易制裁，華為也被指同時具有中共軍方和中共情報機構的背景。十天後，孟晚舟雖暫獲保釋，但事件遠未結束，她面臨被引渡到美國受審。

在中南海內外交困之際，特朗普政府抓捕孟晚舟，不僅為全球封殺華為及中美貿易談判布下關鍵棋子，還微妙介入中共高層內部博弈，為中國政局發展增添變數。

12 月 1 日 五件大事同一天發生

2018 年 12 月 1 日周四，這一天發生了許多世界級的大事，令全球、特別是中共非常震驚和頭疼。

第一件事是舉世矚目的 G20 峰會後美國總統特朗普與中國主席習近平的晚宴談判，令很多人吃驚的是，一向被認為「打死也不屈服」的北京高層，這次表示要讓步。雙方達成了 90 天的「停火協議」，至於最後中共是否能在經濟體制上切實做出結構性改變，這是 2019 年過完年後的事了。

第二件就是中國最大的民營企業：華為集團的創始人任正非的大女兒、華為副董事長、財務總監 CFO 孟晚舟在加拿大轉機時被捕，並面臨被引渡到美國受審。全球股市因為這事大幅下跌，很多人認為，人民幣破 7 會很快實現。

第三件是美國著名華裔物理學家張首晟自殺。張首晟是楊振寧的得意門生，科研成果豐碩，有望獲得諾貝爾獎。他也是中共最重視的千人計劃吸引來的外籍科學家，他的研究與未來晶片製造相關。可惜一代英才，卻因涉嫌捲入中共的科技剽竊以及數字貨幣炒作而跳樓自殺，年僅 55 歲。

第四件是美國老布什總統去世，終年 94 歲。在中美關係陷入僵局之際，這位中美重建關係的奠基者的去世，不禁讓人感到一個中美合作時代的宣告終結，而特朗普開啟的一個中美全面對抗的新時代將到來。

第五件是法國黃背心示威升級。曾經代表全世界最高藝術水準的巴黎、凱旋門和香樹麗舍大街變成了硝煙彌漫的戰場，放眼望去燒焦的汽車堆擠在香樹麗舍華麗的大道上。經歷了三個多月的「黃背心」和平抗議，12 月 1 日突然演變成了巴黎街頭的暴力騷亂。

示威者砸碎沿街建築的窗戶，搶奪商店，縱火燒毀銀行大樓。法國警方說，騷亂已經導致 4 人死亡、130 多人受傷，其中包括

23 名警察。近 400 人被警方拘捕。

抗議的起因是政府為環保而提高燃油稅導致油料漲價，不過這只是導火索，示威活動很快從反對油料漲價演變成了對貧富差距加大、生活水準下降的抗議。8 日以後事件演變成 13 萬人的大遊行。

這讓人想起中國共產黨的外國老祖宗：巴黎公社。當年那批無產流氓者，把一個神話般美麗的巴黎，幾乎毀滅成了廢墟，血腥的暴動使那段時間的巴黎成了人間地獄。

巧合的是，孟晚舟的被捕與張首晟的去世，都發生在 12 月 1 日，但都是在五天後的 12 月 6 日才被媒體披露出來。有網民將事件串聯成一首詩《一二一‧明與暗》：「猇亭火起羈晚舟，宴罷王氣黯然收。千人計劃沉案底，一款法規探由頭。滬上幾回傷才俊，懷中依舊璧難留。縱然四海為家日，孤晟隕落無限愁。」

被捕內幕 匯豐銀行洩密 Skycom

孟晚舟是任正非與第一位妻子孟軍所生的長女。她被捕後第一時間申請了媒體禁令，不許媒體報導此事。然而，海內外媒體很快挖掘出了導致她被捕的兩大洩密管道。

12 月 6 日，《華爾街日報》引述消息人士的話報導，美國聯邦政府設在匯豐銀行的監管人員，發現華為公司帳目中的可疑交易紀錄，並提供給調查華為公司的紐約東區聯邦檢察官。

消息人士稱，匯豐銀行是華為公司生意往來的其中一家銀行，他們提供華為公司在該銀行的帳目交易紀錄，並因此導致孟晚舟的被捕。

匯豐銀行在 2012 年捲入一起洗錢醜聞，被美國指控違反制裁禁令，為來自伊朗、利比亞、蘇丹、古巴、緬甸等國的販毒集團提供洗錢服務，金額至少達 8.81 億美元。隨後匯豐同意向美國政府支付 19 億美元，並簽訂一項為期五年的延期起訴協議。

匯豐銀行當年另同意美國政府的要求，聘請諮詢公司 Exiger，由該公司監督銀行的管控措施改善情形，以及蒐集可疑的交易活動，並向美國司法部報告。2017 年底，美國裁定匯豐銀行已改善其系統，不會再捲入金融犯罪。這意味著匯豐銀行已脫離被起訴的可能性。

不過在此期間，監管諮詢公司 Exiger 主管沃德（Dean Ward）注意到華為、匯豐及伊朗等之間的交易，發現了孟晚舟與華為的非法行徑。

據路透社 2013 年的報導，報告內容涉及位於香港的星通科技公司（Skycom Tech Co），曾經試圖向伊朗最大手機運營商出售惠普的設備，至少有 13 頁的 Skycom 提議書標有「華為機密」字樣，並帶有華為公司 Logo。惠普稱這些設備都是屬於禁運範圍內，而該公司的董事恰恰就是孟晚舟。

《華爾街日報》2018 年 4 月曾報導，美國司法部已就華為與伊朗的往來啟動刑事調查，負責調查的是紐約東區聯邦檢察官。在此之前，美國商務部和財政部外國資產管制辦公室（Office of Foreign Assets Control）就制裁相關問題向華為發出了行政傳票。

2018 年 8 月，紐約東區聯邦檢察官已經以刑事罪名起訴孟晚舟，而 11 月底，當獲悉孟晚舟會到加拿大轉機，於是美國司法部按照與加拿大在 1971 年簽訂的互相引渡協議，讓加拿大警方

協助逮捕了孟晚舟，並將她引渡到美國受審。

中興密件爆出神祕「F7」牽出華為

除了匯豐銀行的帳目有問題，美國還從對中興公司的調查中，找到華為的祕密。

2018 年 4 月美國媒體曾透露，美國司法部從 2016 年就開始對華為展開調查，而調查起因與華為的競爭對手中興公司有關。

2012 年 3 月，路透社發布中興可能違反朝鮮和伊朗禁運的調查報告後，FBI 隨即立案調查。兩個月後，中興法律顧問 Ashley Kyle Yablon 向 FBI 舉報，並提供了中興內部文件。

2016 年 3 月，美國商務部公開了所獲得的部分中興內部文件。文件顯示，中興不但擬定了如何逃避美國限制向伊朗出口的詳細計劃，甚至還提到一個範例：一個被稱為「F7」的競爭對手也有類似的做法。中興計劃明顯參照了 F7 的做法。

據路透社報導，10 名美國議員同年援引媒體報導、致信商務部，表示相信 F7 就是華為。2017 年 4 月，議員們再次向商務部長羅斯致信，要求公開 F7 的身份和對其進行全面調查。

中興文件中稱，2010 年，F7 被美國眾議員投訴「在管制國運作項目」，影響了其在美國獲得項目；2010 年，F7 試圖收購美國 3Leaf 公司，後因影響美國安全而被美國政府否定；F7 曾與賽門鐵克有過合資公司；除了在總部，F7 還專門聘請熟悉美國出口管制法律的律師，在相關子公司擔任專職主管。

現實中的華為公司，這些都經歷過。

實際上在中國電信行業，華為和中興給競爭對方所起的綽號

流傳甚廣，並非祕密。華為給中興起的代號，叫「26」，意指中興是二流公司。而中興則以 F7 代指華為，F7 諧音「夫妻」，暗諷華為創始人任正非連娶兩任祕書為妻。還有一說法是華為一男一女的兩位主事人物任正非和孫亞芳，一個主內一個主外，狀似「夫妻」。

調查證實了中興公司將含有美國晶片及技術的監控系統出口給伊朗電信公司，因此被裁定違反了美國制裁禁令。此前由於內賈德政府發展核武及彈道導彈，美國對伊朗進行金融、能源制裁。

為此，2018 年 4 月美國商務部對中興下達了七年出口禁令，導致中興立刻癱瘓。後來在習近平的求情下，封殺令被暫時取消，而中興被處罰大約 13 億美金。

這兩份文件既是商務部給中興定罪的重要證據，也為美國出動 FBI 調查華為提供了線索與由頭。中興因此被網友調侃為華為的「豬隊友」，但有分析說，與中共這個「豬隊友」捆綁在一起，才是中興、華為遭遇生存危機的主要原因。

華為會議紀錄曝光 孟晚舟闖黃線

據《南華早報》報導，華為內部員工透露一份 2018 年 10 月 29 日的會議紀錄，裡面提到孟晚舟說明公司在外國營運時，對於規範的立場。

孟晚舟說，外國法規有「紅線」、「黃線」之分，「紅線」是「沒有討價還價的空間，必須嚴格遵守」。若「嚴格遵守」「黃線」，恐怕不可行，如《勞動法》等。公司可以建立藐視法令所需負擔的「沉沒成本」（sunk costs），並視為「既定成本」。

孟晚舟補允說：「在紅黃線之外，還有一些情況即使外部規則明確且沒有爭議，但在實際營運上仍完全不能配合。這時，經過合理決策過程，我們可以接受暫時違規風險。」

74 歲的任正非也在會議上強調，對於一些「敏感國家」（他沒有明確說明），也要留意美國與歐盟的有關規範。他說：「我們不能因為美國的攻擊就束縛自己，如果我們的手腳受到捆綁，那麼將無法繼續生產。這樣合規有何意義？」

看來，孟晚舟和任正非的華為，是有意去闖黃線的，這次被抓也是必然的。

當時孟晚舟絕對沒有想到，挑戰禁令的「沉沒成本」還會包括她自己被抓。如今他們父女倆再後悔也無濟於事了。

華為沒有回應或否認這份會議紀錄，但有消息稱，華為 12 月 6 日要求員工不要受孟晚舟被拘留「外界評論」的影響。

保釋聽證曝光孟主導的過橋公司

12 月 7 日，加拿大法院開庭受理中國華為副董事長兼財務長孟晚舟的保釋聽證。

當天 10 時 26 分，孟晚舟進入加拿大卑詩省最高法院。她身著綠色囚衣，通過翻譯與兩位律師進行了交談。數十名記者在法院大樓外聚集。加拿大法院在幾天前應孟晚舟要求發布了媒體禁令，但在多家媒體請求下當天解除。

加拿大司法部檢察官吉布卡斯里（JohnGibb-Carsley）7 日在加拿大卑詩省（BritishColumbia）最高法院的法庭上說，紐約東區法院 8 月 22 日對孟晚舟發布逮捕令，後來有關當局得知她從

香港飛往墨西哥途中，將在溫哥華轉機，便請加拿大的法官在 11 月 30 日簽署逮捕令。她 12 月 1 日遭到逮捕。

檢方稱，從 2009 年到 2014 年，華為涉嫌利用其在香港的非官方子公司「Skycom」在伊朗開展業務，違反了美歐對伊朗的制裁。作為「Skycom」首席財務官的孟晚舟並未如實說明「Skycom」和華為是同一家公司的事實，誤導美國金融機構與「Skycom」進行生意往來，從事與對伊制裁相抵觸的業務。

美國司法部律師在聽證會上指證，Skycom 其實就是華為開設的「過橋」公司，用來掩蓋華為與伊朗的違規交易。

路透社在 2012 年首次報導稱，華為的合作夥伴「Skycom」向伊朗一家手機通訊公司出售了至少 130 億歐元的惠普電腦設備，此舉違反了對伊朗的制裁。「Skycom」的紀錄顯示，孟晚舟在 2008 年 2 月至 2009 年 4 月期間擔任該公司董事，親自主導開設「過橋」公司與伊朗違規交易，欺騙美國。

加拿大檢察官在聽證會上告訴法官，孟晚舟對經手公司財務的多家銀行包括匯豐銀行故意隱瞞了相關信息，以逃避美國在 2009 年到 2014 年對伊朗的制裁。這使得銀行處於危險之中，構成了欺詐罪。所以美國要以欺詐罪引渡她到美國受審。

孟聲稱為了祖國 提 12 條件想保釋

控方指證後，法庭短暫休庭，之後孟晚舟親自為自己辯護。她聲稱，為了愛她的爸爸，為了華為全球的 18 萬雇員，為了祖國，她保證不會違反法庭關於保釋的所有要求，保證絕不越雷池一步。

有評論認為，不管是孟晚舟「為了祖國」的藉口，還是其父拿「13億人」來擋槍的說法，實際上都是中共權貴利益集團面臨困境時，煽動民族情緒的慣常動作。

不過也不排除孟晚舟受中共謊言毒害灌輸得太嚴重，為了完成中共交給華為的政治任務，孟晚舟冒著風險去支援伊朗，想方設法鑽空子，把伊朗需要的東西運進去。然而孟晚舟混淆了祖國與黨派的關係，她為中共賣命，但中共並不會在危難時幫她。

孟晚舟的辯護律師大衛‧馬丁（David Martin）在法庭上用幻燈片演示替孟晚舟開脫罪行。他說，「Skycom」曾是華為的子公司，但後來被剝離，孟晚舟也離開了董事會。他還表示，美國對伊朗的制裁很複雜，實際上受到美國制裁的是在石油和能源領域，以及可能干擾通訊的技術領域。但華為和「Skycom」一直專注於民用電信服務，而不是軍事設備。

馬丁律師試圖讓法官給予孟晚舟保釋，並建議保釋金為1400萬加幣。

他表示，孟晚舟途經溫哥華是為了和家人團聚，並且她將不會違反法律的保釋令，因為這會令他的父親華為創始人任正非以及整個中國難堪。有大陸網友評論說，這位律師竟然告訴法官中國人都講「面子」，她如果跑了，就會讓他爸爸沒有面子，讓她的國家沒有面子。那他們幹那些壞事時怎麼不講面子了呢？

據辯護律師陳述，孟晚舟和其丈夫在溫哥華 Dunbar 區買了一套房子。她和丈夫有一個10歲的女兒。此外，在之前的婚姻中，她還有三個兒子，分別是14歲、16歲和20歲。

馬丁還說，孟晚舟有高血壓和睡眠窒息症等健康問題，又指其願意放棄僅有的兩本護照，包括中國護照，和在被捕時遭扣押

的香港特區護照。

此外，孟願意在保釋期間戴上電子腳鐐接受監控，並以兩個總值 1400 萬加元的在加物業作抵押，並可以接受電子監視作為保釋條件。

不過，檢控官認為，孟晚舟雖在溫哥華有兩間房屋，但只用作度假，每年夏天僅逗留數周，在與不在加拿大也沒有太多有意義的聯繫。

檢方還指出，孟晚舟在美國的每一項控罪最高刑期是 30 年，這令她有潛逃回中國的充分動機。而且孟擁有大量資金來源，再多的保釋金對她而言都會顯得微不足道。檢方還提到孟父任正非的身價達 32 億美元。

此外，孟晚舟的兒子在美國波士頓上學，自「Skycom」2017 年 4 月遭美國調查以來，孟就再沒入境美國，可見她是一直有意逃避執法部門的刑事調查。

12 月 9 日據加拿大環球電視（Global Television Network）報導，法官要求辯方律師提出擬議的保釋條件。孟晚舟的律師提出 12 項條件，包括待在家裡、宵禁、交出護照、風險管理、全球定位系統、電子監視、同意加拿大皇家騎警檢查等等。

加拿大廣播公司（CBC）報導指出，身穿深綠色囚衣的孟晚舟，上午出現在卑詩省最高法院保釋庭時，並未上手銬。法官到達前，她與律師微笑握手。這與大陸的報導不同。

孟晚舟的辯方律師表示，孟晚舟曾是加拿大永久居民，在 2009 年時身份過期，但她有卑詩省護理卡、身份證及社會保險號碼。

辯方出示的照片顯示，孟晚舟全家在溫哥華生活，當中孟晚

舟和丈夫劉曉棕（音譯：Xiaozong Liu）曾在溫哥華登巴（Dunbar）附近的第 28 大道 4005 號購買一棟房子；2016 年又於溫哥華購買第二棟住宅，地址為 1603 Matthews Ave。

辯方指出，目前孟晚舟與丈夫劉曉棕和 10 歲女兒同住。

劉曉棕 1996 年大學畢業後加入華為，2006 年離開華為創業。《每日經濟新聞》2017 年曾報導，孟晚舟和劉曉棕於 2016 年 11 月 8 日到重慶參加德普外國語學校校慶一周年典禮，並發表演講，該學校由孟晚舟和劉曉棕投資設立。此外，劉曉棕還曾於 2016 年以晴福投資董事長身份，參加一個經濟論壇。

至於孟晚舟前夫身份尚不明。不過，孟晚舟曾在 2013 年否認華為董事、戰略 MKT 總裁徐文偉是她的丈夫。

孟獲保釋 5 擔保人 1000 萬 16 條件

在經過三天的激烈辯護後，12 月 11 日，法官宣布孟晚舟可獲保釋。據《溫哥華星報》記者 Michael Mui 在法庭現場發出的推特說，聽到獲准保釋的消息後，孟晚舟抹去眼角的淚水，向在場的丈夫劉曉棕點頭微笑。

孟晚舟的辯護律師戴維·馬丁原本提出讓孟晚舟的先生劉曉棕做她的保釋擔保，但檢方否定說，一是劉曉棕自己沒有加拿大公民身份，他最早是靠拿學生簽證來到加拿大，目前也是多次往返簽證；二是一旦孟晚舟出逃，劉曉棕也一定會一起出逃，雖然他會損失在溫哥華的兩套房產，但孟晚舟會補償他的。

於是馬丁律師不得不緊急找人，最後找到了三位華為前員工和家屬、一個曾經幫孟晚舟買過兩套房子的房產經紀人，以及她

的鄰居。這五位擔保人均為加拿大居民，願意提供自己的房產或一部分資產為孟晚舟擔保。

最後，加拿大卑詩省高等法院做出裁決，允許孟晚舟以 1000 萬加元（約合 5156 萬元人民幣）保釋。這包括 700 萬加元（約合 3609 萬元人民幣）現金，及五個以上擔保人以房產和現金形式共同投入 300 萬加元（約合 1546 萬元人民幣）保釋承諾。

除此之外，孟晚舟需要遵循 16 項保釋條件：

1. 遵守當地法律；2. 定時到溫哥華社區懲教署報到；3. 向保釋官提供電話，必須保持聯繫；4. 留在卑詩省；5. 居住在 4005 W 28th Ave 的住所內；6. 晚上 11 時至早上 6 時期間禁止外出；7. 只可在保安公司 Lions Gate 公司劃定的列治文、北岸及溫哥華區域內活動；8. 接受 Lions Gate 全天候監視；9. 交出所有護照；10. 服從 Lions Gate，並容許該公司員工進入她家；11. 需要向保安公司支付一切費用；12. 必需戴上腳環電子監測儀；13. 任何時間都隨身攜帶擔保文件；14. 隨時出庭或被拘留；15. 同意警方可以隨時上門；16. Lions Gate 公司有權拘留她。

第二節

任正非的私生活
接班為何不選兒子

任正非被認為與中國軍方的關係
非同尋常，華為也被指同時具有
中共軍方和中共情報機構的背景。
圖為任正非 2015 年資料照。（AFP）

　　任正非其實有個兒子叫任平，也是在華為工作了很多年。

　　不過，2018 年 3 月華為公布了新一任的董事會成員名單，讓人非常意外的是，任平沒有進入華為董事會，而是孟晚舟進入了董事會，並任副董事長。

　　孟晚舟是華為創辦人任正非與第一任妻子孟軍所生的長女。2011 年 4 月起她擔任華為常務董事兼首席財務官（CFO），2018 年 3 月出任副董事長，目前擔任中國華為系旗下共 11 家公司的董事。

　　在《福布斯》公布的 2015 福布斯中國商界女性榜中，華為首席財務官孟晚舟曾名列第九位，格外引人注目。2017 年 2 月 6 日，《福布斯》發布「2017 中國最傑出商界女性排行榜」，孟晚

舟排名第八。

一進公司就知孟晚舟是任總女兒

孟晚舟出生於 1972 年，1992 年華中理工大學畢業之後，曾在建設銀行工作一年。第二年，由於銀行整合撤銷了一個網點，孟晚舟就到了華為。但她的原本計劃是出國留學，並且拿到了入學許可，卻被認為有移民傾向而被拒簽。1993 年進入華為工作。

1997 年，孟晚舟重新回到華中理工大學讀碩士，一年半後再度回到華為，在華為內部做過財務負責人。2005 年起，孟晚舟主導在全球建立了五個共用中心。2011 年 4 月起擔任華為常務董事兼 CFO。現任公司 CFO、副董事長，擔任華為系旗下共 11 間公司的董事。

外界稱孟晚舟在華為蟄伏了 20 年，直到 2013 年 1 月 21 日，才以華為首席財務官（CFO）身份首度亮相於公眾面前。不過據華為員工透露，她一進公司很多人就知道她是任總的女兒，她一出現就在財務部，熟悉一段業務後，很快就被提升到主管的位置。這是很多學財務的博士生，甚至是海歸人才都沒辦法得到的機會。

至於孟晚舟為什麼不姓任而姓孟呢？有三種說法。

網路上傳言任正非當初是入贅於孟軍家，所以女兒和兒子都隨母姓。但孟晚舟告訴媒體，是自己願意跟母親姓，弟弟任平以前也隨母姓叫孟平，只不過弟弟後來改過來了。

但任正非自己的說明是：自己從岳父那學到很多，所以讓兒女跟隨姥爺姓。孟晚舟的姥爺孟東波曾經擔任過副省長，孟東波

的領導楊超則擔任過中共國家領導人的祕書。而任正非正是靠了
孟軍家族的關係才飛黃騰達的。

當年任正非和孟軍結婚後，經常去看望岳父孟東波和楊超，
並從他們身上學到了不少東西。1982年，任正非隨孟軍來到深圳，
孟軍做了南油集團的高管，任正非做了下屬一家電子廠的領導。

據說電子廠漂亮女孩很多，任正非利用職權玩弄女性。對此，
孟軍非常生氣，最後把任正非趕出了家門。在公開場合，任正非
稱，兩人是因理念不合而離婚。

孟晚舟為了接班放棄加拿大國籍

在 12 月 7 日的保釋聽證會上，孟晚舟的辯護律師詳細說明
了孟晚舟過去與加拿大的關係，孟晚舟早在 15 年前的 2003 年第
一次訪問溫哥華之後，取得加拿大永久居民身份，她曾持有加拿
大的 BC 健保卡、身份證和社會保險號碼。這個永居在 2009 年
到期。

根據檢方提供給美國司法部的文件，孟晚舟在過去 11 年間，
至少獲發七本不同國家或地區的護照，其中包括四本中國護照
（號碼開首為 G）和三本香港特區護照（號碼開首為 K）。

根據公開資料，號碼首字母為 G 的中國護照是普通因私護
照，有效期一般為 10 年，香港護照有效期一般也是 10 年。據此
判斷，孟晚舟在過去 11 年間申請這些護照時，不大可能是使用
同一名字（除非她多次丟失護照再補辦，而這種可能性很小）。

也就是說，辯方聲稱她現在只有兩個有效護照的可信度極
低。如果獲得保釋，她隨時可以用其他護照離開加拿大回到中國，

而中國與美國和加拿大之間都沒有簽署《引渡條約》。

另一方面，孟晚舟擁有多本護照、多重身份的本身，已不能排除其本人就是情報人員的可能性，況且華為也被指同時具有中共軍方和中共情報機構的背景。

香港《明報》12月8日報導，根據孟晚舟在香港公司註冊處曾申報的信息顯示，她還有第八本號碼開首為 P 的中國護照。

看來孟晚舟的護照很多，而且她沒有如實告訴法庭，誠信問題更值得懷疑。

聽證會上沒有談及孟晚舟是否擁有加拿大護照。不過有記者在 12 月 6 日的中國外交部例行記者會上披露，孟晚舟持有加拿大護照。《蘋果日報》也爆料，任正非全家只有他一人沒持加拿大護照，其他成員全部都擁有加拿大護照，包括孟晚舟。

不管孟晚舟是否持有加拿大護照，她 2009 年已放棄延續在加拿大的永久居留權。為何她要放棄很多人孜孜以求的綠卡呢？很可能是為了正式接班任正非。因為華為是中國企業，自然需要一位中國籍的董事長。看來，任正非在 2009 年就決定讓女兒接班了。

任正非已經 74 歲了，也許是為了接班做準備，華為董事長2018 年改為輪值制度，孟晚舟也在 2018 年 3 月出任副董事長，接班步伐很快。

傳四次婚姻 資產千億有 21 套房產

騰訊網於 2018 年 1 月報導指，孟晚舟一共結過四次婚，如今資產過千億。不過加拿大法庭上只說她有兩次婚姻。

現年 47 歲的孟晚舟，和她爸爸任正非一樣，背景亦很神祕，連她的丈夫是誰亦有不同傳聞，早年有傳她下嫁華為高層徐文偉，但孟晚舟 2013 年接受訪問時否認。

據《蘋果日報》報導，根據香港公司註冊處及土地註冊處資料，孟晚舟擁有香港身份證，報住大角嘴豪宅維港灣一座、由「華為技術投資有限公司」持有的高層單位。她本人在港持有三個維港灣高層單位，與丈夫劉曉棕共同持有擎天半島高層單位。

她擔任三間香港註冊的公司董事，包括「華為技術投資有限公司」、「香港華為國際有限公司」及「華盈管理有限公司」。華為技術投資有限公司在港亦持有 18 個維港灣單位。

《溫哥華太陽報》查冊發現，孟晚舟的現任丈夫劉曉棕（Xiaozong Liu），其名下在溫哥華持有兩座豪宅。2009 年及 2016 年，劉曉棕在溫哥華分別以 270 萬加元、1500 萬加元購入了兩處豪宅。其中一處位於溫哥華最有名的富人區桑那斯（Shaughnessy）社區，另一處位於 Dunbar 社區。

任正非為何不讓兒子任平接班？

2018 年 3 月華為公布新一任的董事會成員名單，公告稱：梁華出任董事長，郭平、徐直軍、胡厚崑、孟晚舟為副董事長，丁耘、余承東、汪濤為常務董事。任正非不再擔任副董事長，但仍為董事；董事會確定副董事長孟晚舟為機關平台運作的協調管理人。

如此安排，令任正非的兒子任平徹底與接班人無緣了。

曾有傳聞：早在 2007 年，任正非曾提出讓兒子任平子承父

業，進入最高決策層，遭到高層集體抵制，但是華為方面給予否認。不過從 2009 年孟晚舟放棄加拿大永久居留來看，這事發生過。為何任正非的提議會被華為高層否決呢？任正非不是一言九鼎嗎？這就要談到華為獨特的內部結構了。

華為快速崛起，很大程度歸結於華為獨特的股權模式。任正非從一開始先是採用集資的方式創建華為，後面又運用「內部股票，大額分紅」，讓每一個員工從「打工仔」變成「小老闆」，來了個全員持股。

目前華為股東已由起初的幾個人，變成了十多萬人，任正非的個人股份已經被稀釋到 1.4% 了。

在華為誰說了算？華為有個「員工持股會」，是所有股東選出的 51 名代表，像中共的「人大代表」那樣。再從那 51 名代表中評選出 13 個董事會成員，組成一個叫 EMT 小組——這個小組就像中共「國務院」那樣，專門負責具體經營決策——這可是華為的「大腦」，而任正非就是這個大腦的中樞，戰略大事由任正非親自拍板，具體問題則讓輪值 CEO 和 EMT 小組來運營。輪值 CEO 是華為的一種特殊企業文化，在華為公司，CEO 由八名高管輪值出任，有任期。

所以華為股權結構看似高度分散，但任正非可以帶領他的 EMT 小組自由決策，不受任何股東的影響。內部股和分紅制，使得華為骨幹員工群體非常穩定，這是華為狼性文化延續的保證。在華為王國世界，任正非是一個精神領袖，如何選好接班人就事關重要。

過去任正非說，華為的接班人要「選賢用能」。當年的華為少帥李一男，曾是任正非期望有加的人選，任正非對待他如同親

生兒子一樣，哪曾想李一男要獨立創業，後來與華為競爭，背棄了任正非。最後華為也把李一男害得很慘，讓他進了監獄。

把任平與孟晚舟相比，孟晚舟行事風格很像父親，比如在出口伊朗這事上，可能任平就不敢去闖紅燈，但孟晚舟卻敢把紅燈說成是黃燈，並用沉沒成本的核算方式來鼓動華為去冒險。再說，孟晚舟也比任平更加勤奮和謙卑，所以她比任平更容易得到華為元老們的認可。於是，孟晚舟2011年「悄無聲息」地進入決策層，執掌財務大印。2017年在頻頻亮相做演講之後，2018年孟晚舟成為華為副董事長，只待幾年後任正非徹底退休，就能登上華為的最高寶座。

哪知就在這骨節眼上，孟晚舟被抓了，即使不被判刑，也可能會被關押好幾年。

任正非不檢點 第三任妻子比女兒小

任正非有過三段婚姻，分別是孟軍、姚凌、蘇薇。第一任妻子孟軍可說為任正非事業發展做出巨大貢獻。因為孟軍家庭具有官方背景，其父親孟東波歷任華東軍政委員會副祕書長、冶金部基建司司長、四川省副省長等職。

據華為員工透露，「最初任正非默默無名，不過剛好當時趕上深圳改革開放，孟軍又是南油集團的高管，與南油的總裁關係不錯，所以，任正非的公司就做起了電話交換器服務。」當時許多大陸民企都在做這個熱門生意，但只有任正非生意越做越大，「因為他有高官背景。」

不過，在得到金錢、地位後，任正非開始私下與大量女性親

密交往，這令孟軍無法容忍。「他的二任太太就比他小 30 多歲，他看到人家長得漂亮，就叫下屬把她招聘到他的手下當祕書，日久生情後，就結婚了。」

不僅任正非的大女兒孟晚舟不姓任，任正非的小女兒也不姓任。

《新京報》等大陸媒體曾報導任正非 20 歲的小女兒 Annabel Yao 受邀參加巴黎名媛舞會（Le Bal）。一向低調的任正非為了支持女兒，也罕見地接受法國媒體《巴黎競賽畫報》的採訪。該報 2018 年 11 月 13 日用長達六版的篇幅報導這一「中國電信皇帝的女兒」家庭背景、成長經歷。

報導稱，與前任妻子離婚之後，任正非和祕書姚凌結婚。Annabel 在雲南昆明出生，和任正非第一個女兒一樣，她也隨媽媽姓，如今在美國哈佛大學就讀電腦工程和統計數據專業。

任正非的第三任妻子也是任的祕書，是 80 後四川美女蘇薇，比任正非小幾十歲，比孟晚舟還要年輕。蘇薇是成都電子科大的碩士。大陸知名品牌營銷專家李光斗稱，目前任正非在深圳的飲食起居，都由蘇薇照顧。如今任正非患有高血壓、高血脂等病。

華為狼性管理 靠舉債與欺詐壯大

很多人把華為的管理稱為狼群制度，華為對內的「狼性管理」和「末位淘汰機制」，令員工慌恐不安，甚至有人為此付出生命。

一位華為前員工對《看中國》表示：「華為為了賺錢，對內部員工是非常苛刻的，員工沒有時間休息，不停的加班，又沒有加班費。靠著這種低成本的勞動力，華為迅速發展。不過大家也

都知道，其實它（華為）是偷來的技術，也涉及到技術產權問題。」

多年來華為利用高薪吸引各地人才，可當人才進入公司後，便開始實施「末位淘汰機制」。華為內部機制很殘酷，「每隔一段時間，華為要考核，考核不通過就降工資，甚至被淘汰（開除）。這讓公司所有員工感到壓力非常大，時時擔心自己是下一個『倒下去的』，所以大家只能每天拚命地幹活。」

曾有高材生懷抱理想投身華為，卻壯志未酬、英年早逝。比如有一位叫王勁的華為海思無限晶片開發部部長，就是因為加班過度而猝死，「還有一個年輕的工程師，也是因為長年疲勞工作，後來得了腦瘤，去世了。」

「還有一些年輕人，進了華為就找不到老婆了，因為沒時間交朋友，沒時間打理家庭。」在華為工作的員工就像個奴隸，牢牢地被華為拴住，沒有任何自由可言，「最後自己什麼都沒留下。」

事實上，任正非也曾說過，華為之所以成功，就是因為華為是最典型的「阿甘」，意指華為員工要傻幹、傻付出、傻投入。

網上流傳兩封華為職工魏華（化名）在 1999 年和 2000 年寫給中共領導人的信。在信中，魏華自我介紹是深圳市華為技術有限公司的一名員工，他寫信的目的是出於對本公司及個人前途的擔憂和關心。

他披露說：一、表面上輝煌的華為背後隱藏著巨大的危機。華為近幾年的高增長，靠的只有兩條：一是舉債，二是欺詐。他舉了許多具體例子，並指華為的財務狀況極不透明。然而，由於華為公司深諳政府、銀行、企業之間的關係結構，對中國政治背景和人情網絡可謂瞭若指掌，憑藉其高超的政治手腕，無需證明

其企業的盈利能力和負債情況，只需循權力經濟之途，即可每每獲得銀行巨額貸款，一次次使公司化險為夷。

這裡面可能就有孟晚舟的「功勞」或說罪過了。

二、詳細列舉了華為的欺詐行徑。首先是非法集資，即通過公司下屬的華為電氣股份有限公司增資擴股，向銀行騙貸。

其次是腐敗行徑。華為公司通過與運營商成立合資公司，將數十萬郵電幹部員工拉進來（僅山東華為就有上萬郵電幹部員工入股），捆綁在一起，結成利益共同體。促使運營商利用國家的資金、手中的權力，高價採購華為的設備，而華為公司則以豐厚的紅利，可觀的送股、配股回報給運營商企業的個人。這也是華為公司為什麼能在全國得以維持高價銷售的真正原因。

三、華為變相行賄，變相回扣，推行灰色交易等。在華為的管理上，任正非借用了毛澤東的很多管理思想，而任正非自己就曾經是「學《毛選》標兵」。

查閱任正非所有的內部講話和文章，會發現很多毛澤東思想的影子。如果沒有時間精力閱讀全文，也可以僅從那些文章標題中，看出任正非對於毛澤東思想哲學的研究和推崇。

1995 年 12 月 26 日，毛主席誕辰紀念日，任正非在市場部整訓大會上發表了《目前的形式與我們的任務》，題目與毛澤東在1947 年發表的文章完全相同。而兩篇文章的誕生背景也頗為相似，都是完成了「農村包圍城市」，開始向更大目標攻堅的關鍵時期。

1998 年，任正非寫了一篇《華為的紅旗究竟能打多久》，同樣與毛澤東當年的文章題目很相似，只不過一個是革命樂觀主義精神，一個是惶者生存的危機意識。由於當過兵，在任正非設計

的華為文化裡，艱苦奮鬥等老一輩革命思想成為了主旋律。

同年，在華為舉行的「產品研發反幼稚大會」上，任正非以《希望寄託在你們身上》為題發表講話，用毛澤東 50 年代訪問蘇聯對中國留學生所講的這句名言，鼓勵華為的年輕研發人員對未來充滿信心，相信華為經過努力一定能夠發展壯大，成為與國際巨頭比肩的企業。

據內部人士介紹，任正非在部隊期間就是「學《毛選》標兵」，明眼人看到，華為的市場攻略、客戶政策、競爭策略以及內部管理與運作，無不打上「毛式」鬥爭哲學的烙印。據說任正非一有功夫，就讀《毛選》，琢磨把毛澤東的兵法化為華為的戰略。

最典型的一個例子，就是華為初期「農村包圍城市」戰略的運用。1992 年，華為自主研發出交換機及設備，當時阿爾卡特、朗訊、北電等洋巨頭把持著國內市場，任正非選擇了一條後來被稱之為「農村包圍城市」的銷售策略——華為先占領國際電信巨頭沒有能力深入的廣大農村市場，步步為營，最後占領城市。

電信設備製造是對售後服務要求很高的行業，售後服務要花費大量人力、物力。當時，國際電信巨頭的分支機構最多只設立到省會城市以及沿海的重點城市，對於廣大農村市場無暇顧及，而這正是華為這樣的本土企業的優勢所在。另外，由於農村市場購買力有限，即使國外產品大幅降價，也與農村市場的要求有段距離，因此，國際電信巨頭基本上放棄了農村市場。

事實證明，這個戰略不僅使華為避免了被國際電信巨頭扼殺，更讓華為獲得了長足發展，培養了一支精良的營銷隊伍，成長起來一個研發團隊，積蓄了打城市戰的資本。因此，在當年與華為一樣代理他人產品的數千家公司，以及隨後也研製出了類似

的程控交換機的中國籍新興通信設備廠商紛紛倒閉的時候，華為在廣大的農村市場「桃花依舊笑春風」。

1996年，華為開始在全球依法炮製，蠶食歐美電信商的市場。在這一戰略思想的指導下，華為先後拿下法國、德國、東歐的大批電信合同；在中亞，華為血戰朗訊，掃蕩了一個又一個「斯坦」國的市場；現在，華為的銷售大軍已深入南美叢林和非洲大漠，一個接一個地攻占市場。英國《金融時報》驚呼，中國的華為正在改寫全球電信業的生存規則。

此外，華為在內部還有例行的民主生活會，不變的主題是批評與自我批評。華為的員工之所以能夠取得那麼高的收入，靠的就是股權激勵，把公司的投權分給員工，通過股權讓公司上下形成利益共同體，這一點與毛澤東「認土豪分田地」的思想何其相像。

當然，任正非學毛澤東，學的最到位的就是毛澤東讓周恩來搞的敵人後方的諜報工作，也就是各種間諜特工行動。這也是西方國家最擔心華為的地方。

華為發展簡史：代行國家意志

華為黑幕，最關鍵的就是華為與中共軍方、國安部關係密切。

2018年12月9日，網路流傳一篇蠻族勇士的發帖《華為發展簡史：代行國家意志》。文章說，任正非1944年出生於貴州教師家庭，1963年考入重慶建築工程學院，畢業後在工地上幹了七年。1974年應徵入伍，還是當基建工程兵，一直幹到副團級，1983年退伍。此後任到了深圳南油集團，在旗下一家子公司任職。

根據其本人的說法，該子公司經營不善，任正非1987年終於痛下決心辭職，創辦華為，開始從事自香港進口通訊設備的工作。

1987年代的中國對進出口有著極其嚴苛的限制，尤其是通訊設備這種科技型設備，任正非能從事這種敏感設備的進口業務，當然不是他自稱的所謂在困境中創業，而是在代行國家意志。

也就是說，從一開始中共與華為就是一體的，華為只是中共從國外進口先進通訊設備的白手套。

1989年中共鎮壓「六四」學潮後，西方的處罰如期而來，華為無法再從國外進口成套設備，於是轉為想方設法的進口關鍵零部件，再在國內生產配套零件並進行組裝，由此開始介入生產領域。

由於華為是當時中國唯一的通信設備提供商，所以它迅速的實現了擴張，並在1990年代占領了中國廣大的中西部通信設備市場。

2000年之後中國加入世貿，大部分的對中共技術封鎖解除。這個時候華為已經在中西部地區的通信基站和網路建設中積累起了豐富經驗，特別擅長省錢，建出高性價比的通信網路。華為的經驗是在設備上能國產的就盡量國產，類似晶片這些實在無法國產的核心部件，就以華為集中採購的方式跟美日等國談，也是壓低成本的好辦法。這樣一來，華為不僅成為了國內通信建設領域不可或缺的一環，更成為東南亞各國以及獨聯體各國搞通信網路建設的最佳選擇。所以2000年之後國門一開，華為立刻就走了出去，開始嘗試在國際上搶業務了。

這個時候華為缺的是錢，極速擴張需要的就是錢。並且華為出去談的業務模式一律都是乙方墊資，也就是由華為代墊整個

通信網路建設的費用，甚至連工人都可以由華為從中國招過來。對項目所在國來說，又不花錢，又不占資源，甚至連人力都不用，就能把事辦了，這種好事去哪裡找？華為實現極速擴張實在是行業的必然。然而華為在當時來說沒有這筆龐大的資金，怎麼辦呢？

2004 年國家開發銀行給了華為 100 億美元的貸款。在當時來說，華為是唯一一家可以從國開行這種政策性銀行拿到錢的「民營企業」了。

這麼總結起來，華為從起步之初能拿到進口批文是「奇蹟」，1990 年能拿到中西部政府的通信網路建設項目是「奇蹟」，2004年華為突然拿到國開行的百億美元低息貸款，當然更是「奇蹟」。

再之後的故事大家就耳熟能詳了。華為幾乎簽下了大半個地球的通信網路建設項目，非洲和東南亞各國就不用說了，連歐洲那些深陷財政赤字危機之中的國家，包括法國，也是對自願墊資搞基建的華為感恩戴德。與之相應的，截至 2016 年國開行對華為的貸款規模達到了 300 億美元的規模，這當然又是一個「奇蹟」。

錢多到這種地步，華為當然要嘗試覆蓋通信領域的全產業鏈，從通信基礎設施建設，發展到終端設備生產，也就是手機領域。手機生產的門檻並不高，華為的玩法也是高度熟練，能國產的就國產，不能國產的就壓價進口。於是「價廉物美」的華為手機甚至一度占領了日本市場。

隨著特朗普政府緊盯中共盜竊美國知識產權的一系列動作，如今全球開始警惕華為在手機裡動了什麼手腳了。

第三節

任正非：我的父親母親

　　大陸網路上流傳一篇任正非懷念他父母的文章《我的父親母親》，是刪除胡錦濤相關信息之後的版本。

　　2001 年 1 月 5 日，任正非隨同當時的副主席胡錦濤出訪伊朗，8 日結束時，他受到胡主席的稱讚，他特別想打電話把這個好消息告訴母親，但他怕母親擔心他在伊朗的安危，就沒打。

　　下面這段是原始版本中有的，後來被刪除了：「圓滿結束對伊朗的訪問後，我們剛把胡副主席送上飛機，就接到紀平的電話，說我母親上午 10 時左右，從菜市場出來，提著兩小包菜，被汽車撞成重傷。」

　　可能中共官方和華為都不想讓人知道，華為早在 2001 年就進駐伊朗了。

　　這篇文章寫得樸實感人，但任正非沒有想明白，是誰害得他們家招這些難？不正是他為了個人利益而支持的共產黨

嗎？！

下面是任正非的文章，也是他早年貧困生活的真實寫照：

* * *

上世紀末最後一天，我總算良心發現，在公務結束之後，買了一張從北京去昆明的機票，去看看媽媽。

買好機票後，我沒有給她打電話，我知道一打電話她一下午都會忙碌，不管多晚到達，都會給我做一些我小時候喜歡吃的東西。直到飛機起飛，我才告訴她，讓她不要告訴別人，不要車來接，我自己坐計程車回家，目的就是好好陪陪她。

前幾年我每年也去看看媽媽，但一下飛機就給辦事處接走了，說這個客戶很重要，要拜見一下，那個客戶很重要，要陪他們吃頓飯，忙來忙去，忙到上飛機時回家取行李，與父母匆匆告別。媽媽盼星星、盼月亮，盼嘮嘮家常，卻一次又一次地落空。

* * *

一個普通的早上，媽媽從菜市場出來，提著兩小包菜，被汽車撞成重傷。我身在伊朗，飛機要多次中轉才能回來，在巴林轉機要待 6.5 個小時，真是心如煎熬，又遇巴林雷雨，飛機延誤兩個小時，到曼谷時又晚了 10 分鐘，沒有及時趕上回昆明的飛機，直到深夜才趕到昆明。

回到昆明，就知道媽媽不行了，她的頭部全部給撞壞了，當時的心跳、呼吸全是靠藥物和機器維持，之所以在電話上不告訴我，是怕我在旅途中出事。我看見媽媽一聲不響地安詳地躺在病床上，不用操勞、煩心，好像她一生也沒有這麼休息過。

　　我真後悔沒有在伊朗給媽媽打一個電話。因為以前不管我在國內、國外給她打電話時,她都嘮叨:「你又出差了」,「非非你的身體還不如我好呢」……我想伊朗條件這麼差,我一打電話,媽媽又嘮叨,反正過不了幾天就見面了,就沒有打,而這是我一生中最大的憾事。如果我真打了,拖延她一兩分鐘出門,也許媽媽就躲過了這場災難。這種悔恨的心情,真是難以形容。

　　我看了媽媽最後一眼,媽媽溘然去世。

＊　＊　＊

　　1995 年,我父親在昆明街頭的小攤上買了一瓶塑料包裝的軟飲料,喝後拉肚子,一直到全身衰竭去世。

　　父親任摩遜,盡職盡責一生。

　　他穿著土改工作隊的棉衣,隨解放軍剿匪部隊一同進入貴州少數民族山區去籌建一所民族中學。一頭扎進去就是幾十年,他培養的學生不少成為黨和國家的高級幹部,有些還是中央院校的校級領導,而父親還是那麼位卑言微。

＊　＊　＊

　　我與父母相處的青少年時代,印象最深的就是度過三年自然災害的困難時期。今天想來還歷歷在目。

　　我們兄妹七個,加上父母共九人。全靠父母微薄的工資來生活,毫無其他來源。本來生活就十分困難,兒女一天天在長大,衣服一天天在變短,而且都要讀書,開支很大,每個學期每人要交 2 至 3 元的學費,到交費時,媽媽每次都發愁。我經常看到媽媽月底就到處向人借錢度饑荒,而且常常走了幾家都未必借到。

直到高中畢業我沒有穿過襯衣。有同學看到很熱的天，我還穿著厚厚的外衣，就讓我向媽媽要一件襯衣，我不敢，因為我知道做不到。我上大學時媽媽一次送我兩件襯衣，我真想哭，因為，我有襯衣了，弟妹們就會更難了。我家當時是兩三人合用一條被蓋，而且破舊的被單下面鋪的是稻草。

上大學我要拿走一條被子，就更困難了，因為那時還實行布票、棉花票管制，最少的一年，每人只發 0.5 米布票。沒有被單，媽媽撿了畢業學生丟棄的幾床破被單縫縫補補，洗乾淨，這條被單就在重慶陪我度過了五年的大學生活。

我們家當時每餐實行嚴格分飯制，控制所有人慾望的配給制，保證人人都能活下來。如果不是這樣，總會有一個、兩個弟妹活不到今天。我真正能理解活下去這句話的含義。

高考前三個月，媽媽經常在早上塞給我一個小小的玉米餅，要我安心複習功課。我能考上大學，小玉米餅功勞巨大。如果不是這樣，也許我就進不了華為這樣的公司，社會上多了一名養豬能手，或街邊多了一名能工巧匠而已。這個小小的玉米餅，是從父母與弟妹的口中摳出來的，我無以報答他們。

我當年穿走父親的皮鞋，沒念及父親那時是做苦工的，泥裡水裡冰冷潮濕，他更需要鞋子。回憶起來，感覺自己太自私了。

回顧我自己已走過的歷史，唯一有愧的是對不起父母，沒條件時沒有照顧他們，有條件時也沒有照顧他們。

爸爸，媽媽，千聲萬聲呼喚你們，千聲萬聲喚不回。

逝者已經逝去，活著的還要前行。

第二章

中共江派的情報白手套

華為到底是怎樣的一家公司？靠什麼發家？為何不上市？為何不缺錢？華為前員工透露，華為內部運作如同特務機構。據稱，江澤民之子江綿恆與任正非關係非同一般，常常「垂簾聽政」為其「下指導棋」。

華為與中共軍方、國安部關係密切，涉及間諜活動。圖為 2018 年 12 月 10 日孟晚舟保釋聆訊法庭外，民眾抗議華為從事網路間諜活動。（大紀元）

第一節

六個事實 還原真實的華為

近年來華為因為詐欺銀行、洗黑錢、違反美國伊朗制裁令和商業竊密而被多國抵制，頻頻登上國際媒體的頭條，2018年底華為公主孟晚舟被引渡案令華為更受世界關注，同時也在中國社會引發熱議。本文從六方面列舉華為的背景及發家史，或有助於讀者了解華為的真相。

華為公司（Huawei）自稱名字取自「中華有為」，多年來中國大陸的輿論宣傳給華為套上一層閃亮光環。以下六方面幫您看到退去光環的華為的真實面目。

一、華為，到底屬於誰？

2019年1月15日，華為創始人任正非在採訪中稱其個人在華為持有股票占總股數為1.14％，華為公司所有權的歸屬是

96768 名持股員工。華為年報自稱：華為是 100％由員工持有的民營企業。

華為，真的是屬於員工的民營企業嗎？

首先要說明華為的兩個基本事實：第一，華為不是上市公司，包括資金來源、股權結構等重要信息從未公開。

第二，華為在公開的工商登記資料中，只有兩個股東，一個是獨立自然人股東任正非，另外一個是法人股東——所謂的華為投資控股有限公司工會委員會（簡稱「華為工會」）。而後者成員全部是任正非選拔的華為資深員工或特殊身份人士，包括任正非的子女。而且，任正非對於華為重大決策保有最終的一票否決權。

華為宣傳多年的「全員持股」——華為虛擬股，並不是要把華為塑造為全員所有的民企，而是一種虛假的股權設計；初期主要目的是融資，後期資金雄厚了，主要目的則變成了欺騙國際社會。

華為員工所持有的華為虛擬股，僅限於分紅和股價增值收益，不涉及產權，而且華為有權隨時收回。

實際上，中共已經運用「法律」確認了任正非對於華為的所有權。2003 年華為兩位資深員工因虛擬股與華為對簿公堂，最終被深圳市中院和廣東省高院判定敗訴，認定華為虛擬股並非股權，華為員工並非華為股東。

華為於 2003 年專門設立「華為投資控股有限公司」，作為華為公司持股的主體，實質目的是讓外界誤以為華為是一家「股份制」民營企業。

「華為是全員持股的民企」，其實是一種欺騙性的宣傳，主要是為了欺騙國際社會，以利於其海外擴張。華為公司和深圳體

改辦（現已撤銷）的文件解釋則更加冠冕堂皇：是為了國際化，便於與戰略投資者合作。

所以，從股權結構和實際控制的角度上看，華為百分百不是員工持股的民營企業，而是一家由僅擁有1%股權的任正非100%控制的，非典型企業。

考慮到任正非本人的中共軍隊背景，以及華為在通信這一敏感行業暢通無阻的發家史，尤其是現今中共為營救任正非之女孟晚舟而不惜一切，甚至發動「人質外交」，或者說華為與中共的關係是不言而喻。

華為，到底屬於誰？反正，是不屬於那96768名持股員工。

二、華為產品質素好？品牌代表中國形象？

在中國大陸，媒體輿論提及華為，多半都是叫好聲。「不買華為不愛國」甚至一度成為華為手機的營銷策略。

而且，網路上但凡有消費者曝光華為手機的質素問題時，往往會引來「不愛國」和「漢奸」等潮水般的怒罵灌水。甚至於，中國大陸互聯網專門為華為生造出一個網路名詞——「華為海軍」。

在中國大陸，網民們都知道「網路水軍」是指那些為了利益而在互聯網上灌水（發表傾向性評論）的人。許多中國公司都會請水軍做宣傳，並稱之為「營銷公關」。而華為的公關，號稱百億營銷，位居各家之首。因為華為水軍不管是規模還是效率，都遠超其他廠商的水軍，所以被單獨冠以「海軍」之名。

2018年11月，一位大陸網民發布一條關於Mate20 Pro屏幕局部變綠的微博後，遭華為海軍圍攻。該網民稱，深刻體會到了

其他網友所說的情況——「只要是反映 Mate20 Pro 屏幕問題的帖子，都會被人罵黑子、噴子、收錢黑、尬黑、看不得國產好。」

華為最新款手機 Mate 20 Pro，剛一推出就深陷「綠屏門」。包括中國大陸、馬來西亞、歐洲，全球陸續爆出更多的 Mate 20 綠屏案例。起初華為表示拒絕換機，後來綠屏的情況越來越嚴重，華為官方才默默改變了態度，先是芬蘭用戶可以在售後服務部門進行換機，最後大陸用戶也可以換機。

其實，華為手機多年來頻頻爆出質素問題。華為 P10 手機深陷「閃存門」——閃存偷工減料，「疏油層門」——為省成本閹割了千元機都有的疏油層；屏幕以次充好，拖影、陰陽屏各種問題層出不窮。

華為手機除了質素作假，還被爆出作弊。2018 年 9 月，手機跑分 App 3DMark 開發商 UL 表示，因華為新機跑分作弊，其已將 P20、P20 Pro、Nova 3 和榮耀 Play 這幾款手機從「最佳智能手機」榜單中移除。

手機其實是近些年才發展為華為的主力產品，華為最重要的產品一直是通信和網路設備。那麼華為起家的通信、網路產品，質素又如何？

事實上，華為的通信和網路設備，在業內向來不以品質聞名，而是靠低廉的價格、售後服務和「公關」來搶占市場。論品質，華為網路通信產品與思科等外國同類產品，仍有不小的差距。

因此，「華為產品質素好」無論從哪個角度講都不是事實，更多的是華為海軍洗底式吹噓，以及中共洗腦式宣傳的結果。

華為品牌不代表中國形象，但其「假大空」的宣傳手法確和中共如出一轍。

三、華為技術有多高？

華為和中共的洗腦宣傳，給許多中國人造成一種印象：華為是因為技術高，尤其在 5G 領域方面領先，所以威脅到了美國的地位，才遭美國打壓的。

我們先看看華為的發家史，就知道華為技術到底高不高。

2003 年 1 月，美國通信和網路巨頭思科（Cisco）指控華為盜竊思科的 IOS 軟件，包括源代碼，並侵犯了多項思科專利。據《華爾街日報》2003 年 3 月 24 日報導，華為承認了盜竊行為。

華為當年盜竊思科的技術，甚至連產品說明書都直接剽竊，這是華為通信和網路產品可以打開國際市場的唯一原因。美國法院判處華為不得在美國銷售網路產品，其中還特別有一條「不得盜用 Cisco 產品說明書」。

僅此一個案例，已足以證明華為是以剽竊外國技術起家。而不當獲取知識產權正是中共的科技發展戰略，也是美國對中共發動貿易戰的重要原因之一。

當然，起家不正的公司並不代表一直都從事不正當活動。但華為的經歷表明它未有實質性改變，只是進行了更精緻的「包裝」——華為海軍的營銷公關。近年來「華為秒殺蘋果」的輿論宣傳被認為是華為海軍的「戰績」之一。

這十多年裡，華為在科研投入很大，也申請了許多專利，不過專利的原創性和質素都不高。例如基於專利重要性原則，4G LTE 標準必要專利池的三個領軍巨頭分別是 LG、三星和高通，華為的份額還不到 2%（截至 2015 年底）。

中共知識產權局 2015 年 10 月曾公布許可備案登記信息，顯

示華為向蘋果公司許可專利 805 件,蘋果公司向華為許可專利 49 件。半年後,中國媒體突然藉此大肆宣揚華為「科技揚威」、「吊打蘋果三星」,還炮製出一條所謂的「通信行業專利許可規則」,稱專利許可數量多的一方要向數量少的一方收取專利費,進而下結論說蘋果每年向華為交數億美元專利費。

專利這種知識產權,在中國大陸的宣傳中,居然成了市場上的大白菜,靠數量取勝。事實是,專利權重「質」不重「量」。「標準必要專利」(Standards Essential Patents,也叫核心專利)才是專利許可中誰有資格收費的憑據。無論是蘋果或三星,與華為之間互相授權的專利數量,並不是收費依據。擁有更多的授權「標準必要專利」,才是決勝的關鍵。

也就是說,蘋果和華為,到底誰是付費方都不確定,遑論數億美元的金額。但華為官方在回覆騰訊科技求證時稱,雙方簽有保密協議,具體金額不便透露。

華為這種含糊其辭的回覆,加上大陸平面、網路媒體聲勢浩大的洗腦式宣傳,很容易讓人聯繫到「華為海軍」和中共宣傳部。事實上,當年華為「專利揚威」的「大事件」,僅在中共控制的中國媒體上有報導,海外媒體和網路上未見隻言片語。

通過分析華為發家史和「專利技術秒殺蘋果」的宣傳案例,不難看出,華為的「高科技」形象,是如何建立的。

四、華為的 5G 優勢?

至於「掌握 5G 就掌握未來」,與「華為領跑 5G」等說辭,都是中國大陸特有的空洞口號,是中共的洗腦宣傳,而非事實。

因為 5G 只是一種公開的通信國際標準，並非劃時代的技術。美國掌握了從 1G 到 4G 的通信標準，也從未宣稱自己能掌握未來。

即使是現在的 5G，最核心的技術和專利依然是屬於美國，華為等中國公司只是在應用層面上占據了數量優勢。華為，從未占據所謂威脅到美國技術或市場地位的競爭優勢，在 5G 領域亦是如此。與華為齊名的中興通訊，被美國一紙制裁令就打到停產，就是中共旗下通信產業的真實現狀。

華為能夠在全球接下大量 5G 訂單，不是因為技術更好，而是在中共的財力支持下，進行惡性低價競爭的結果。

華為的所謂 5G 優勢，是建立在中共專制的基礎上，獲得中共的全面支持，用低價替共產黨搶占全球 5G 市場，對外輸出監控民眾的技術。

美國國務院高官 2 月 6 日說：讓華為進入 5G 就是助中共擴大監控。美國政府的表態清楚說明了抵制華為的原因。

華為在 5G 上，沒有優勢，只有威脅，對世界安全的威脅。

五、華為產品廉價的代價

十多年來華為在中國大陸的輿論宣傳中，被塑造出「物美價廉」的形象。不過，在對其技術和產品質素稍做分析後，「物美」這張畫皮一戳即破。

但華為在海外擴張，的確依靠的是成本和價格優勢。而這個成本優勢，除了產品價格低於市場價，另一個對於海外客戶最大的誘惑，則是華為可以提供「出口信貸」。

也就是說，華為誘惑外國客戶購買其產品的條件是，不需要一手交錢一手交貨，華為可以代表中共，為客戶提供「巨額、低息、長期」的貸款，借錢給客戶來購買華為產品。

財新網 2014 年 1 月曾報導，華為搶奪非洲電信市場，靠的是低價，但最關鍵的還是龐大的來自中國政策性銀行和準政策性銀行的資金支持。多家非洲營運商管理層在接受記者採訪時表示，中國的銀行能夠提供財務融資，這是其選擇中國企業的首要原因。

在華為的全球擴張中，中共的國家開發銀行（下文簡稱：國開行）起到了關鍵作用。

華為全球擴張的祕密武器——出口信貸：國開行提供出口信貸；華為與海外客戶簽訂銷售合同；海外客戶用國開行貸款直接支付華為訂單；國開行承擔全部風險，包括未來收回或損失的貸款。

2004 年華為年度銷售收入不過 54 億美元，淨利潤不到 10 億美元時，國開行為華為的海外客戶提供 100 億美元信貸額度。2009 年，這一信貸額度提升至 300 億美元，但華為 2009 年的收入也不過 220 億美元。

歐洲、中東和非洲多年來一直是華為最大的海外市場，同樣也是國開行海外貸款的大客戶市場。

例如，2011 年 12 月，土耳其最大移動營運商 Turkcell 獲國開行 2.5 億美元貸款，支付華為訂單。2012 年 12 月，土耳其電信（Turk Telekom）獲國開行 6 億美元貸款，其中 2 億美元用於購買華為產品。2015 年 7 月華為與 Turkcell 簽署《戰略合作夥伴協議》後，9 月 Turkcell 獲國開行 12.5 億歐元（約 14 億美元）貸款。

國開行黨委委員、中非基金會董事長趙建平在 2009 年的一次大會上，總結對非州業務時，強調要「重點支持」華為和中興在非洲的項目。

2018 年 9 月，國開行表示，累計向 43 個非洲國家近 500 個項目提供融資超過 500 億美元。南非營運商 CELL-C 開普敦項目經理 Ted Zakrzewski 對財新記者直言，金融融資渠道和協議，是中國企業的最大優勢，也是營運商選擇中國企業的首要因素。

中共的資金支持、國開行的出口信貸，就是華為海外擴張的祕密武器，令華為可以以低成本搶占海外市場。

然而，華為全球擴張的成本優勢，代價是什麼？誰付出的代價？

儘管華為和國開行並未公布海外交易的具體資料，但兩者的盈虧對比已洩露出，華為低成本的代價有多大。

2013 至 2017 年，國開行的資產減值損失，分別為：403 億元、564 億元、727 億元、828 億元、51 億元。

2013 至 2017 年，華為的淨利潤，分別為：291 億元、342 億元、458 億元、475 億元、564 億元。

國開行的資產減值損失主要是發放貸款和墊款損失：將已經成為爛帳的貸款，在當期確認為帳面損失。雖然國開行沒披露損失掉的數目到底是海外貸款還是國內貸款，但考慮到國內的基建、棚改等政策性項目，或者事關官員政績、不能輕易報損，或者是投資周期雖長、卻能盈利，因此國開行的資產減值損失，最大可能是在海外貸款上。

而華為全球擴張的目標市場，主要是那些財務狀況不佳的發展中國家或獨裁政權。這些國家會給企業帶來巨大的經營風險

（如政局動盪、無力付款等），華為也不例外。只不過中共或者說國開行，用出口信貸將華為的這些經營風險承擔下來。

除了 2017 年資產減值損失異常驟降，可能是國開行出於某種目的、不願在當期確認損失外，其餘年份中，華為的淨利潤都是在國開行發放貸款損失的 60％～ 70％區間內波動。換言之，華為通過成本優勢賺取的利潤，很大部分是國開行損失了貸款而換來的，而這種損失跟中共的「大撒幣」一樣，最終都是由普通百姓來付帳。

華為低成本擴張的代價，就是中共政策性銀行損失掉巨額貸款。換言之，是全體中國民眾在為華為的盈利和中共的野心埋單。

六、華為對中國人做了什麼？

真實的華為，不但與其在輿論宣傳中的形象截然相反，也不具備所謂威脅到發達國家技術和市場地位的優勢。

美國等西方國家抵制華為最重要也是最主要的原因，就是安全威脅：華為對包括美國在內的世界安全，造成了威脅。

美國情報部門多年來一直對華為提出安全指控，歐洲國家如今也開始曝光華為涉嫌間諜行為。日本媒體 2018 年底披露，華為通信設備內被發現有「多餘零件」。澳洲戰略政策研究所（ASPI）2018 年 7 月發布報告，披露華為或與非洲聯盟的重大數據洩漏事件有關。

華為和中共媒體對於安全指控，最常見的辯解是沒有「證據」證明華為產品不安全。這種說辭，其實是不負責任的狡辯，是對中國民眾的欺騙。

因為華為手機和網路設備，都曾經多次被曝光，有明顯漏洞或向中國大陸傳輸加密數據。例如 2012 年 7 月，美國知名的 DefCon 黑客大會指出華為路由器有明顯漏洞；前五角大樓高級攻策分析師當月也披露華為在世界各國電信設備中製造「後門」。

而包括華為在內的國產手機在後台偷偷傳輸大量加密數據，對於很多懂技術的用戶而言，早就不是祕密。

因此，華為產品存在安全隱患並非抹黑，而是客觀事實。之所以缺乏很具體的證據細節，也不是因為華為的清白，而恰恰是中共封鎖了可以揭開真相的途徑，阻礙任何涉及到中國大陸的深入調查。

那麼，華為除了威脅國際社會的安全外，對中國人又做了什麼？

中共為維持暴政而對社會成員實行全方位的監控。華為，就是中共監控中國人的主要幫凶。從過去的「金盾工程」，到「天網工程」、「雪亮工程」、「平安城市」等影片監控系統，甚至互聯網上的「防火長城」（Great Firewall）監控、過濾系統，華為都在其中充當了關鍵角色。

例如令人毛骨悚然的「天網」系統，除了無處不在的監視攝錄機外，人臉識別是關鍵。而擁有世界最頂尖人臉識別技術的依圖、商湯、曠視等中國科技公司，都通過與華為密切合作，深度參與中共「天網工程」。

「天網」的前身「金盾工程」，是由中共前黨魁江澤民的兒子江綿恆主導，華為從一開始就深度參與其中，獲得大量訂單。例如 2000 年 12 月，中共「金盾工程」重點項目、公安部「政府上網」工程，核心設備就採用了華為的 A8010 Refiner 接入服務器。

而如今的監控民眾的「平安城市」，華為在 2014 年《中國平安城市發展白皮書》中，便確定了要成為該項目的領先硬件供應商。華為通過全面的監控產品和方案，幫助中國各地的公安局，實現了對中國民眾幾乎無所不在的監控。

手機，作為華為最主要的消費類產品，也是華為配合中共，對中國民眾實施監控的重要工具。

2015 年 9 月據知名黑客媒體 The Hacker News 報導說，來自德國的安全公司 G-Data 發現，包括華為在內的 26 款中國製造智能手機，都在硬件中被預裝間諜軟件。

2018 年華為手機銷量 2 億部，其中在中國大陸銷售了 1.19 億部。2015 至 2018 四年間，華為在大陸賣出了 3.6 億部手機。

這意味著每四個中國人中，就有一個人正在使用華為手機，並且已經將自己的短信、微信、銀行等所有的私隱信息都暴露給中共的監控系統；甚至在中共需要的時候，手機攝影鏡頭或麥克風會悄無聲息地被開啟，將你的一言一行暴露在中共面前。

華為公司，從其創辦之初，就一直在參與中共對中國民眾的監控。華為並未給中國民眾帶來任何益處，而是一邊從中國民眾手中賺錢，一邊還監控中國民眾、幫助中共打壓中國人。

「華為」，不代表中華有為，而是意味著中華有「危」：華為興，則中華危。

不過，如今反之：華為已危，乃中華之幸。

第二節

華為是中共江派的克格勃

江澤民　　曾慶紅　　江綿恆

華為迅猛壯大之時，中共軍方由江曾勢力掌控，而江澤民江綿恆父子與華為關係密切。華為的迅猛發展隱藏著中共不可告人的戰略目的。（新紀元合成圖）

　　華為到底是怎樣的一家公司？靠什麼發家？為何不上市？為何不缺錢？曾在華為工作過的一名員工透露，華為內部運作如同特務機構，在商貿活動、人員調配上都聽命於中共政府。

　　華為承包中共的監控工程、對外輸出網路監控、大舉盜竊海外情報……是中共對外擴張的網路武器。

　　在經過多年調查後，美國法庭在 2018 年 8 月對華為總裁任正非的長女、華為財務總監、副董事長孟晚舟下達了逮捕令。12 月 1 日，與美國有《引渡條約》的加拿大警方，在溫哥華機場逮捕了在這轉機的孟晚舟。經過三天庭審後，法庭以五個擔保人、16 項條件和 1000 萬加幣，批准了對孟晚舟的暫時保釋。

　　僅圍繞暫時保釋一幕，就發生了許多爭議，此事也把一直躲在民企黑幕下的華為公司，拖上了世界舞台的聚光燈下。華為到底是怎樣的一家公司？

華為副總裁洩密 內部講話瘋傳

就在孟晚舟在加拿大保釋在家期間，華為發新年致辭稱「困難越大，榮耀也越大」，「那些極端不公平事件把我們逼向了世界第一」。

中宣部副部長慎海雄也在新年前會見華為董事長，簽署合作建設中國首個國家級 5G 新媒體平台以示支持。

華為一口咬定國際社會因擔憂華為間諜行為而禁止政府部門購買華為產品為「極端不公平事件」，中共官媒也為華為辯解，但華為高級副總裁陳黎芳在華為新員工座談會上的講話，明確提到「依靠隱蔽戰線同志們冒險」獲取某些禁運技術，這無疑印證了華為的真實身份。

據希望之聲報導，大陸網站上流傳的陳黎芳講話，是 2018 年 4 月 20 日她在華為新員工座談會上的發言，6 月份就在多個網站轉載，包括國內一些較小的財經網站。

這位華為副總裁在新員工座談會上開門見山說：「為什麼我們要堅定的向美國學習？真正的美國製造，你了解多少？」她舉例說：「中國經過 30 年奮力追趕，與美國縮短了距離，但仍然相差很遠，比如，在複合材料領域，杜邦積累的工藝數據，就是目前我國已經掌握的 25 倍以上，在渦扇發動機領域，我國做完的材料和工藝試驗數量，不過 GE 的 5％而已。」

的確，她說的是大實話。中共在國內大力宣傳所謂華為要趕超世界第一，但華為內部還是清醒的。

陳黎芳還指出，在其他領域，尤其是微電子、精密儀表儀器、傳感器、精細化工、複合材料、特種金屬材料、精密陶瓷材料等

等，中美差距不可以道里計。

這位副總裁還披露，在高精度、高穩定性、智能化壓力、流量、物位、成分儀表與高可靠執行器、智能電網先進量測儀器儀表、材料分析精密測試儀器與力學性能測試設備，以及新型無損檢測及環境、安全檢測儀器、國防特種測試儀器等各類實驗設備，「我們基本全部依靠進口，被《瓦森納協定》禁運的，只能依靠隱蔽戰線同志們冒險。」

《瓦森納協定》（又譯為瓦聖納協定，The Wassenaar Arrangement on Export Controls for Conventional Arms and Dual-Use Good and Technologies），是一項由 40 個國家簽署，管制傳統武器及軍商兩用貨品出口的條約。

她還說，至於高可靠性力敏、磁鐵等傳感器，及新型複合、光纖、MEMS、生物傳感器、高檔（尤其是軍品級別）電子器件及變頻調速裝置等等，都只能依靠進口貨特殊手段取得。

這位華為副總裁提到的「隱蔽戰線」、「特殊手段」，可能就是指間諜特工，或依靠行賄手法搞的走私。

中共的克格勃情報白手套

華為到底是什麼樣的公司呢？

新唐人發表的《魔鬼尖牙：華為的前世與今生》一文，揭示了華為其實是私企面紗掩蓋下的中共官方機構，不但參與打造中國網路防火牆、承包中共公安部面向全國的監控工程，也對外輸出網路監控，還大舉盜竊海外情報，更是中共對外擴張的網路武器。華為的種種惡行，就好比魔鬼的尖牙，協助魔鬼危害眾生。

文章說，華為從建立之初就具有官方背景。在華為內部一直有「左非右芳」之說，指的就是華為兩個決策人物——現任總裁任正非和剛剛退休的女董事長孫亞芳。而這兩人，據美國國防部2008年對國會的調查報告指出，他們的出身背景都十分特殊。

任正非在中共軍隊工程部門任職 14 年後，以團職幹部的身份退伍，在 1987 年 43 歲時創辦華為公司，憑藉其岳父四川省副省長孟東波的勢力，在中共西南軍區取得程控交換機龐大市場，奠定華為公司成為「電信帝國」的基礎。據《產經新聞》2018 年 12 月 9 日報導，任正非早年在中共軍隊中接受的訓練就是蒐集情報，曾任軍內通訊工程師。

而孫亞芳，大學畢業後在中共國家安全部從事通信工作多年，與華為一直有深度的聯繫。在國安部安排下，孫亞芳 1992 年加入華為，實際負責與各國政府和軍方之間的業務。據新浪網報導，任正非剛剛創立華為時曾面臨資金困難，當時還在政府機關任職的孫亞芳利用「自身的人脈關係」，幫助華為解決了資金問題，並在不久後加入華為的創始人團隊。

曾在華為工作的員工透露，華為內部運作如同特務機構，在商貿活動、人員調配上都聽命於中共政府，並為中共軍方一支精銳網路戰部隊提供服務。

2011 年 10 月，美國中央情報局（CIA）的公開調查報告顯示，華為公司過去三年從中共政府拿到 2 億 2800 萬美金的資助，為中共提供「如同 KGB（前蘇聯特務機構克格勃）一般的情報服務」。

美國國防部及 CIA 之所以詳細調查華為，主因是華為前後五次試圖併購美國 3Leaf（三葉）及摩托羅拉（Motorola）網路部門

等大型電信公司，卻被發現與中共軍方、國安部門合作極為密切，包括華為創業早期合約全部來自軍方控制的中資駐港企業、中共軍方長期無償向華為提供關鍵技術、華為與軍隊簽署多項長期合作項目等。

更奇怪的是，這家全球第二大電信帝國，竟然不是上市公司，股東成員都十分神祕，以致於外界無法了解其資金及業務往來。因為上述多個原因，美國商務部駁回了華為這些併購案。

2012 年，美聯邦議會發布的一份報告中，指華為可能涉及間諜活動，威脅美國國家安全。報告中涉及任正非的內容多達 52 頁。

最早客戶多是軍方、公安、國安

據日本媒體報導，孟晚舟的外祖父孟東波，與中共已故領導人周恩來關係密切，是周恩來祕書楊超的密友，而且長年在中共軍隊任職。不過，孟東波的這個身份似乎比較保密，具體工作不為外界所知。

在中共官方網頁上，有關孟東波的介紹非常簡短，只有他出任過華東軍政委員會副祕書長、冶金部基建司司長，四川省冶金工業廳廳長、省經委主任，以及中共渡口市委書記、四川省副省長與省第六屆人大常委會副主任。是第五屆全國人大代表等任職經歷的寥寥數語。

報導分析，任正非入伍後從事情報工作，很可能與孟東波不無關係。

據華為官方公布的資料顯示，華為的 100 餘個使用華為視頻

雲的客戶中，有一半是各地公安局、監獄、警察學校等，還有其他大量的政府單位、國企部門與地區街道。

員工被「嗜血洗腦」簽「賣身契」

華為前員工告訴《華盛頓郵報》，該公司深圳總部要求所有新進員工必須在「華為大學」（該公司的培訓機構），接受為期兩周的「洗腦」訓練。

在兩周的訓練中，華為員工必須睡在宿舍裡，每天早上 5 點起床後要穿上紅白色制服跑步。早餐後開始訓練課程，內容包括歷史、公司產品和企業文化。華為員工稱這些課程「像狼一樣地嗜血」。

華為公司在其網站上說，無論多麼困難及複雜，華為的每一位成員都堅持著無所畏懼的精神，熱切渴望地追求進步。

曾做過華為案例研究的管理顧問弗拉姆赫茲（Eric Flamholtz）指出，華為自認是在與所有競爭對手展開「激烈戰爭」。「從任正非的角度來看，這是一場持續不斷攸關生存的戰役。他認為，在這場戰鬥中，最終的武器就是企業文化。」

《哈佛商業評論》（Harvard Business Revie）在 2015 年發表的一則有關華為的文章中提到，該公司的經營方式，激烈程度「類似戰場」。在早期，任正非最喜歡講的一句話幾乎和軍隊口號一致：「如果我們注定要失敗，那麼就讓我們竭盡最大努力，直到我們都死亡為止。」

這種戰鬥式管理方式，令華為給每個新員工分發毯子和軍用床墊，它的想法是讓員工在公司內就是「工作、睡覺、再工作」。

在華為，員工被要求「自願」簽署一份「奮鬥同意書」（striver agreement），作為其向公司承諾願意放棄休假和加班費的忠誠保證。

華為刻意招募中國大陸偏遠城市的優秀學生，原因是這些學生在畢業後急切地追求他們人生中的「第一桶金」，希望爭取到快速提升到中產階級的機會。

由於軍隊式的管理，華為的官僚主義非常嚴重，下屬在上級面前沒有說話的權利，也無法與上級討論事情，他們能做的只有「服從命令」。

長城防火牆與金盾工程的設備商

1990 年代末，新興的網路信息自由流動給中共統治帶來威脅，北京產生了管控網路的需要。而伴隨著 1999 年江澤民開始鎮壓法輪功，如何封堵法輪功真相信息也成了江澤民當局的首要需求。因此，中共在 2000 年代初期迅速開發建立了長城防火牆（Great Firewall，縮寫 GFW，俗稱「大牆」）以及稍後公安部主導的「金盾工程」。

GFW 和金盾工程都具有封堵網路的功能，兩者雖然沒有明確的界定，但也有所區別。GFW 主要功能是監測和阻斷，監控國內外信息流通，主要由中共網路管理部門主導。

而金盾工程屬於中共公安部業務系統，包括建設整個網路互通和大數據庫，其功能除了過濾信息之外，還包括監控國民、輿情分析甚至部署打壓抓人等。

不過，不論是部署 GFW 還是金盾工程的過程中，華為作為

中共掌控的一個主要電信設備製造商，都提供了關鍵的設備支持。

據清華大學畢業的網路工程師虞超介紹，中共網路監控系統的主要締造者方濱興，當年將這些工程的主要硬體合同給了曙光和華為，國外硬件思科等採用的很少，因為對國外設備不信任。

虞超還表示，GFW 技術開發需要尖端的網路技術，中共將這個任務交給了它的「匪底子」——哈工大、中電三零所、總參五十六所、國防科大、西安電子科技大學和解放軍信息工程大學等中共軍方機構和院校。

而在金盾工程這個國內監控系統的建立過程中，華為的作用就不再限於提供設備，而是參與開發了許多關鍵的技術工程。

金盾工程最初是由江澤民的兒子江綿恆主導建立，開發的目的是為江派掌控的政法系統服務。而華為的中共軍方和國安背景，也決定了它和江派關係密切。在華為崛起的時期，軍方掌握在江澤民人馬的手中，而國安系統當時在江派大佬曾慶紅控制之下。

可以說，華為迅速發展成全球第二大電信商，就是伴隨著金盾工程的開發一起「成長」起來的。

早在 2000 年 12 月，陸媒就有報導稱，中共公安部的重點工程——政府上網工程正式開通運行，該工程使用的核心設備是華為 A8010 Refiner 接入服務器。報導還稱，這是華為產品「服務公安金盾工程的又一大單」。

另據中共官媒報導，2002 年 9 月，時任金盾工程辦公室主任李潤森等參觀了華為的研究所，對華為參與「金盾工程建設」和相關領域的探索表示肯定。當時華為產品已經被廣泛應用於全國

各地的金盾工程項目中。

在 2004 年前，華為給金盾工程設計的組網方案就被刊登在大陸網站上。

英媒揭任正非與江澤民真實關係

2018 年 12 月 18 日，英國《金融時報》文章披露，任正非得到了時任中共最高層江澤民的支持。據悉，任正非首次踏上美國領土時，華為的營收還不到 10 億美元，而今將達到 1000 億美元。

報導引述一位華為前高管的話表示：「第一個十年生意平淡，然後公司就像瘋了一樣迅速騰飛。人們懷疑肯定是發生了什麼有助於公司生意的事情，但即使在公司內部這也是個謎。」

而這個謎底就是江澤民。報導說，有跡象表明任正非得到了最高層的支持。1994 年，他向當時的中共領導人兼國家主席江澤民作了匯報。幾年後，華為承建了中共軍方首個全國範圍的通信網路。

華為迅猛壯大之時，中共軍方和國安都由江澤民和曾慶紅的勢力掌控。

任正非的第一任妻子孟軍，其父親孟東波在中共建政後歷任華東軍政委員會副祕書長、冶金部基建司司長、四川省副省長等職。有人推斷，任正非正是靠著孟家的背景，搭上了江澤民。

原中共中央政治局常委、中紀委書記尉健行的撰稿人王友群博士撰文稱：「一次閒聊天中，說起華為是間諜公司，一個華為的離職員工笑著說『人盡皆知，他們服務於前朝』。前朝是什麼？就是習近平以前的朝代嘛！」

文章寫道，1989 年至 2002 年是江澤民當政時期，2002 年至 2012 年是江澤民當「太上皇」時期。華為就是在 23 年間發達起來的。任正非跟江澤民的關係非常密切，據華為人講，江澤民只要去深圳，一定去華為。

另有中共中聯辦知情者爆料稱，孟晚舟在加拿大被捕後，華為董事長任正非一度緊急北上向中南海求救。據稱，江澤民之子江綿恆與任正非「關係」非同一般，常常「垂簾聽政」為其「下指導棋」。而華為迅猛發展隱藏著中共不可告人的戰略目的。

今年 67 歲的江綿恆是江澤民的長子，被認為是中共第一巨貪，其染指範圍涉及電信、網路、航空航天等眾多領域。

第三節

戰鬥式狼群危害國內外

億萬個攝像頭被冠以天網和雪亮工程之名將中國大陸改造為一個大監獄。中共黨媒聲稱「天網工程」的首要任務是用於打壓法輪功。（AFP）

百姓受監控 平安城市不平安

中共剛搞完「金盾工程」，旋即推出「天網工程」和「平安城市」。2005 年中共政法委和綜治辦提出深入開展「平安建設」，其實就是在「金盾工程」的基礎上，加強對中國民眾的監控。2005 年起，「平安城市」的建設在全國 31 個省、自治區、直轄市全面展開。

陸媒 2014 年 7 月報導，華為已經為公安部門開發出一個所謂「IT 化平安城市解決方案」，其核心技術就是為維穩系統日益增長的視頻監控數據提供優化的存儲方案。

這裡的「平安城市」，不是百姓平安，而是監控百姓的中共平安。

本世紀初，「平安城市」工程首先在北京市宣武區、杭州、

蘇州、濟南等城市開始試點建設。2004 年 6 月，公安部與科技部在北京、上海等 21 個城市啟動了第一批科技強警示範城市創建工作。2005 年 8 月，為了以點帶面，公安部進一步提出了建設「3111 試點工程」，選擇 22 個省，在省、市、縣三級開展報警與監控系統建設試點工程，即每個省確定一個市，有條件的市確定一個縣，有條件的縣確定一個社區或街區為報警與監控系統建設的試點。

經過十餘年的精心打造，「平安城市」工程目前已基本覆蓋國內地級以上的城市區域，縣級城市和鄉鎮區域也已經開始被全面納入中共的監控視野。

2018 年，網路傳出一份華為公司 2015 年的內部保密資料，叫做「VCM 操作指南」。該資料在華為官網上只對華為 VCM 用戶提供下載，而華為 VCM 系統唯一的用戶是中共公安部門。該資料被用來培訓中共網警。

資料介紹，華為的 VCM 就是對監控視頻內容進行實時分析處理並報警，是金盾工程和大數據的一部分。中共用它來嚴密監控老百姓，大大提高了監控效率。

近年，中共得以多次鎮壓包括老兵維權及 P2P 金融難民維權等大型維權事件，並能精準攔截、「點殺」重點維權人物，華為創建的這套監控系統實屬「罪不可赦」。

「天網」監控百姓 卻不管刑事犯罪

華為在中共「平安城市」計劃中，占據著極為重要的地位，深度參與中共的視頻監控系統「天網工程」和「雪亮工程」。

2017 年 9 月，中共央視《輝煌中國》節目透露，中國已經建

成世界上最大的視頻監控網——「中國天網」，攝像頭超過 2000 萬個，並利用人工智能和大數據進行監控。2017 年 11 月，BBC 記者約翰·蘇德沃斯在貴陽體驗了這項「天網工程」，在被手機拍下一張面部照片後，僅「潛逃」七分鐘，就被貴陽警方「抓獲」。

中共能打造出令人毛骨悚然的「天網」系統，除了無處不在的攝像頭外，人臉識別是關鍵。而擁有世界最頂尖人臉識別技術的依圖、商湯、曠視等中國科技公司，都通過與華為密切合作，深度參與中共「天網工程」。

例如 2017 年 10 月華為和商湯聯合發布了「超高密人臉識別」一體化解決方案，當時華為 IT 副總裁邱隆稱「平安城市」是華為的重要市場，與商湯的合作能加強華為的解決方案。

中共「天網」的監控效果，在令世界震驚的同時，更令中國人心悸，因為現實證明了，中共「天網」更多的是將攝像頭瞄準普通民眾，而非犯罪嫌犯。

例如 2013 年吉林長春市發生一宗殺害嬰兒案件，當局斥資數億興建的「天網工程」完全無用，引發輿論質疑。當時黨媒辯解稱，天網工程首要目的「本身就不是打擊普通刑事案件」，而是「維穩」，並列出中共政法委文件，聲稱「天網工程」的首要任務是用於打壓法輪功。

而在「天網」攝像頭最多的北京市，2016 年人大碩士雷洋被公安「嫖娼死」事件中，事發地點的三個攝像頭全部「被壞掉」，更突顯了中共「天網」不是用來守護民眾平安，而是用於監控、鎮壓民眾。

中共龐大的「平安城市」計劃，截至 2017 年已在全國部署了逾 1.7 億個攝像頭，其中公安部門直接掌握的「天網」攝像頭

有 2000 萬個，其餘的社會資源攝像頭視中共需要部分已被匯聚加入監控網路；預計未來三年還將新安裝 4 億個攝像頭。從城市到鄉鎮、農村，億萬個攝像頭被冠以「天網工程」和「雪亮工程」之名，將中國大陸改造為一個大監獄。

法輪功學員是華為監控最大受害者

中共監控工具的飛速發展，最早是江澤民預謀鎮壓法輪功開始的。

1998 年，江澤民的大兒子江綿恆開始搞「金盾工程」（官方名稱是「公安工作信息化工程」），1999 年江澤民開始迫害法輪功，金盾工程一開始主要用在鎮壓法輪功上。最早中共是借用美國思科公司的產品跟蹤監視法輪功學員，後來華為也參與其中並成為主力。

隨後，中共把對法輪功學員的監控手段，擴大引用到全中國老百姓。

法輪功是以「真、善、忍」為指導的修煉團體。從 1992 年 5 月 13 日傳出，因其神奇的祛病健身功效、教人自覺向善道德高尚的人生信仰、直指人心淨化心靈的功法特點，短短數年即發展到上億人。

法輪功在祛病健身、健康體魄上具有極為神奇的效果，很多人一煉功就會出現多年疾病不翼而飛、無病一身輕的狀態。1998 年至 2002 年間對大陸和台灣兩地的統計，遼寧大連 6478 人中，90.12% 的人修煉後身體疾病症狀消失；台灣 1 萬 2731 人中，祛病總有效率更是高達 99.1%。

　　另外，法輪功在提升道德、加強人的自身修養上也表現出巨大作用。實修的法輪功修煉者普遍道德高尚，心胸寬廣，淡泊名利，與世無爭，不貪不占不抽煙不喝酒，一切唯善是從，與一切惡行絕緣。其真誠善良寬容之舉對任何人任何政權都有益無害。在世風日下、道德淪喪的現今社會起到了扭轉世風歸正人心，挽狂瀾於即倒的作用。其大善大忍之心，在面臨近二十年殘酷迫害中也依然嚴格奉行「打不還手，罵不還口」，在默默承受巨大痛苦的同時，還冒著生命危險給世人講真相，幫助人們擺脫天災人禍保平安。

　　中共為什麼要迫害法輪功呢？就因為 1999 年修煉法輪功的人數超過了中共黨員人數，江澤民為了一己的妒忌，從而發動了慘絕人寰的迫害。

　　1999 年鎮壓之初，中共黨內高層幾乎沒人同意，喬石等人和國家體委還作了詳盡調查，指出法輪功「有百利而無一害」。然而最終中共黨魁江澤民「力排眾議」，獨斷專行，從而開始了瘋狂的邪惡鎮壓。

　　江澤民在 2000 年一次鎮壓法輪功的講話中說：「法輪功講真善忍，這正好給我們打擊它提供了一個便利條件。」言外之意，這群「打不還手，罵不還口」的善良人，不會反抗，不會對它們的惡行進行打擊報復，中共可以放心大膽地去搞迫害，這就是江澤民的流氓變態邏輯。

　　迫害法輪功，江澤民親自上陣，不斷以寫條子的方式，給專門鎮壓法輪功而成立的「610 辦公室」下達密令。如「打死算自殺」、「經濟上截斷，名譽上搞臭，肉體上消滅」等，讓人民警察做迫害人民的事，從而徹底敗壞了中共的公安、司法等政法委

系統，使百姓感受到：昔日土匪在深山，如今土匪在公安的惡果。

2001 年除夕，江澤民、羅干還下令公安部炮製了騙人的「天安門自焚案」。他們讓幾個河南人冒充法輪功學員在天安門廣場用汽油焚燒自己，但聯合國從中央電視台所謂現場錄像中發現了眾多造假破綻，從而判定這是由中共自己編造的、用來激起民眾對法輪功仇恨的政治醜劇。

為什麼要以如此邪惡瘋狂的手段來對付修煉真善忍的好人呢？任何社會不都希望好人越多越好嗎？以鎮壓好人來維繫的政權，一定是邪惡政權，在迫害好人的同時，其一定會從根本上動搖其統治根基。事實上人們已經看到，由於鎮壓法輪功，導致中國社會人心敗壞、道德淪陷、官員貪腐、天災人禍等惡果，已經令中共政權搖搖欲墜。中共鎮壓法輪功，反而要把自己搞垮了。

如今法輪功洪傳全球 140 多個國家和地區，外國民眾享受到了法輪功帶來的福澤，而在法輪功的故鄉，中國人民卻還在遭受中共的高壓管制和無情盤剝。

法輪功蒙受千古奇冤，江澤民是千古罪人。

後來即使江澤民退休了，其迫害法輪功的政策卻一直延續到今天。

從 2017 年以來，大陸各地開始推行所謂的「敲門行動」，對所有在中共黑名單上的法輪功學員進行挨家挨戶的地毯式排查，並強行進行照相、錄像，蒐集法輪功學員的個人信息。

其實，中共早就對包括法輪功在內的所有民眾進行監控。某市一位電信科長曾披露了電話監控的內幕。

他說：「公安和國安都和我們電信有業務聯繫，讓我們在技術上給做監控系統，他們提供名單：哪些人是煉法輪功的，他們

家人的名字，每個家人和煉法輪功人的隸屬關係，還有，哪些人是經常聯繫的親戚，做完系統後，都在一條線上，就像一個個微信群一樣，盡在眼底。只要你打電話，這條線上立即有燈閃，同時有短信一樣的響聲：立即顯示出你的名字和接電話人的名字，你在哪個地方，說了什麼，上面看的一清二楚。電信立即把這個信息過到國保警察那邊去了，它是同步的。現在呢，更不一樣了，公安那邊有自己的網絡了，監控你們就更方便了。」

大陸不少火車站內的許多檢票口已安裝了人臉識別鏡頭，法輪功學員一過，幾秒鐘內就將其信息分析出來，值班警察拿著手機就在火車車廂門口埋伏。有的法輪功學員在散發真相資料離開現場後一個月至三個月，被警察根據攝像記錄找到。

這些年，大陸法輪功學員因電話被監控遭迫害的情況很普遍。被抓後，中共對法輪功的鎮壓採取了人類史上所能用上的一切辦法、一切酷刑，如：抓、打、跟蹤監視、上門騷擾、寫保證、強迫轉化、連坐株連、綁架、失蹤、開除、除名、勒索、監聽監控、強姦、打死打殘、強迫勞動、注射藥物、關進精神病院、野蠻灌食、活體解剖、器官移植……所採用的各種酷刑與摧殘折磨，迫害之殘忍，已經不能用人的語言來形容，上至七八十歲的老人，下至幾個月大的嬰兒都不放過，其罪行，罄竹難書。

2018 年 2 月，網路流傳一篇署名為「革命前夜」的文章，披露了一份華為公司 2015 年的內部保密資料，叫做「VCM 操作指南」，華為 VCM 系統唯一的用戶則是中共公安部門，它能對監控視頻內容進行實時分析處理並報警。

時事評論員橫河認為，金盾工程和後來其發展的大情報系統，12 分鐘內可以把全國的 13 億人查一遍；4 分鐘內將全國的

在逃人員查一遍；3 分半鐘內將全國的駕駛員、司機查一遍；公安部對七類重點人員進行分類搜索不超過 2 分鐘；把所有的訊息碰撞一遍不會超過 40 秒。

「這一來它是把全國所有的人盯著了，任何人都可能成為受害者。」

依靠一帶一路 對外輸出網路監控

作為中共官方支持的企業，華為和中興一直在為朝鮮、伊朗、蘇丹、敘利亞和古巴等五個美國主要制裁的國家提供祕密支持，除了壯大美國「敵對國家」的力量之外，自然還包括幫助這些獨裁國家建立與中共類似的監控系統，強化對本國民眾的控制。

在 2018 年 12 月 7 日的孟晚舟保釋聽證會上，檢方引述美國司法部文件指，孟晚舟擔任華為香港公司總經理時，親自主導在伊朗建立「過橋」公司，掩護華為與伊朗的祕密交易。在美國公布截獲的中興內部文件中，也暴露了華為和這些「流氓國家」祕密交易的手段。

美國中情局的資料顯示，華為曾幫助非洲、中亞、南美以及中共構建監聽及定位系統。在阿富汗曾為塔利班政權裝設電話通訊系統，替伊朗政府裝配電信定位技術監控伊朗民眾。

美國商務部一位官員早前對媒體表示，華為的方法，是毛澤東的「農村包圍城市，最後奪取城市」。而美國和西方國家，正是這個策略中的所謂「城市」。

另外，華為對外擴張的過程中，輸出的不只是中共的網路監控，和所有的「一帶一路」項目一樣，華為進軍國外市場的時候，

還同時輸出腐敗。

2018 年 6 月，《商業內幕》（Business Insider）轉述澳洲智庫一份新報告說，過去八年來，華為公司為澳洲聯邦國會議員贊助了 12 次到中國的「國際旅行」。

台媒 2012 年報導，斯里蘭卡前總理拉賈派克薩，就因為收受華為公司 10 萬美金賄賂而下台。南美洲 AM 哥倫比亞公司前總裁 Adrian Hernandez 被撤職的原因，也與其在巴拿馬 Claro3G 專案中收受華為巨額賄賂曝光有關。

硬件留後門 軟件自動發信息

作為中國最大的電信設備出口商，華為產品已經在全世界電信市場占據相當大的份額。美國前五角大樓高級政策分析師透露，目前全世界有 145 個國家及 45 間最大規模的電訊商使用華為及中興的電訊設備。而這些預留了「後門」的設備，令中共可以隨時攔截和存取任何資料，即使是加密數據，中共當局也會想盡辦法試圖解碼。此外，這些「後門」設計，還會讓中共有機會修改甚至破壞攔截到的信息內容。

早在 2012 年 7 月，美國知名的 DefCon 黑客大會就指出，華為公司生產的路由器有明顯漏洞。

而在 2000 年，華為與美國企業開始合作之初，美國企業就發生重要數據線被盜的事件，還引發了訴訟案。隨著更多類似案例的出現，美國政府開始對任正非及其周邊親信實施祕密調查。

2003 年，思科控告華為竊取其路由器程式碼。2004 年，芝加哥貿易展上，一位華為員工因拍攝競爭對手的產品而被捕。

2008 年，摩托羅拉控告華為過去十年與摩托羅拉離職員工共謀竊取手機網路設備等商業機密。

近年以來，美國政府多次點名華為和中興等為中共從事間諜活動，威脅美國國家安全。目前，美國、英國、印度及澳洲等國家，都已開始管制華為介入其國內電信市場。

早在 2012 年 3 月，澳洲政府因擔心來自中國的網路攻擊，禁止華為公司對價值 360 億澳元的澳洲國家寬帶網項目進行投標。

同年，英國聯合情報委員會主席亞利克斯指出，具有中共軍方背景的華為，完全可通過操作所販售的電信設備來切斷英國電力，甚至可以通過網路入侵國際導彈防禦系統，因此拒絕華為與英國電信（BT）的合作案。

2016 年 11 月，《紐約時報》披露，由中國上海廣升信息技術有限公司（Adups）編寫的一款安卓手機程序，已經被預裝在全球超過 7 億部手機、汽車和其他智能設備上運行。該程序會將用戶的幾乎所有信息每隔 72 小時就發送到中國。

而華為和中興，正是廣升公司的主要客戶。

伴隨著華為 CFO 孟晚舟被捕，日本三大電信運營商將放棄使用華為和中興通訊現有的和即將推出的五代（5G）設備。原因是發現華為產品內有間諜芯片，威脅到日本國家安全。

如今美國要引渡孟晚舟，主要罪名是欺詐罪，而不是間諜罪，因為要論證華為犯下了技術間諜罪，需要漫長而艱難的取證過程，而孟晚舟欺騙匯豐銀行，這是白紙黑字很明顯。

越來越多國家看清華為惡行，華為的風光日子就快到頭了。

第三章

孟晚舟案激化習江鬥

孟晚舟被捕消息公開後，中共高層分裂的跡象不斷浮現，顯示習近平不會在華為問題上與特朗普政府對抗。相反，特朗普政府抓捕孟晚舟、全球封殺華為，有助於習陣營政治收益。

特朗普政府在敏感時機抓捕孟晚舟，微妙介入中共高層內部博弈，為中國政局發展增添變數。（Getty Images）

第一節

孟晚舟被抓 習近平沒出手

中共高層就孟晚舟案公開分裂，習近平不會在華為問題上與特朗普政府對抗。圖為 2015 年習近平訪英期間，任正非陪同參觀華為英國分公司。（AFP）

　　孟晚舟被捕消息公開後，中共高層分裂的跡象不斷浮現，顯示習近平不會在華為問題上與特朗普政府對抗。相反，特朗普政府抓捕孟晚舟、全球封殺華為，有助於習陣營政治收益。

孟被抓習知情 外交部高調抗議

　　加拿大應美國引渡要求於 2018 年 12 月 1 日在溫哥華國際機場抓捕了孟晚舟。據英媒披露，事發當日，習近平已獲知孟晚舟被捕消息，但沒有發聲。

　　英國《金融時報》引述中方參加 G20「特習會」的人士透露，孟晚舟被捕的時間點，時逢 12 月 1 日，特朗普與習近平在阿根廷 G20 峰會見面、共用晚宴談判中美貿易戰問題的「關鍵時刻」。

　　當時，習近平團隊確實已知道「美國要加拿大在機場逮捕任

正非女兒」的消息，但接獲通知的時間距離特習會過近，為了避免談判桌上雙方動氣失焦，進而讓特朗普續增關稅壁壘，習近平才決定「裝作不知道」，晚宴桌上也沒人談到孟晚舟的事。

白宮國家安全顧問博爾頓（John Bolton）12月6日在 NPR 電台表示，他事先已從司法部門獲知孟晚舟被抓一事。他還表示，不知道美國總統本人是否獲知了這一消息，「這種司法合作的狀況很常見啦，所以我們不一定每一個案子都需要報告總統。」

後來有報導說，特朗普在很晚才知道孟晚舟被抓，而且聽後「沒有任何反應」。

路透社說，任何要在美國以外的地方實行逮捕行動，必須通過美國司法部國際事務辦公室（OIA），而不是由聯邦和州檢察官，向外國同行提出要求。

文章說，被告通常會以他們的權利在逮捕他的國家進行法律訴訟時遭侵犯為由反對引渡，而之前的很多案例顯示，這種法律抗辯可以持續數月甚至數年。

有評論認為，最重要的是，為何美國選在貿易談判的最敏感時刻逮捕孟，這對中共無疑增加了很大的壓力。華為的很多項目是「中國製造2025」規劃的重點。

專注中國經濟和金融的英國《經濟學人》記者歐陽德（Simon Rabinovitch）在推特上表示，對中共來說，華為和中興不僅是大公司，還是「新經濟」的支柱。

不過，雖然習近平當時忍住了，沒提孟晚舟的事，但中共外交部的態度很強硬。12月6日，中共駐加拿大使館發表聲明，抗議加國逮捕孟晚舟，「對這一嚴重侵犯人權的行為，中方表示堅決反對並強烈抗議。」

中共異乎尋常的反應令媒體界感到譁然，因為華為只是一個民營企業，數月前京東劉強東被美方拘捕，轟動全球，中共外交部只是表示關注。2018 年 9 月 20 日美方宣布對中共軍方軍委委員、總裝備部部長、中將李尚福進行個人財產凍結制裁時，中共雖反應強烈，也沒有指責美國侵犯人權。

有評論分析對比說，孟晚舟在被捕之後申請了媒體禁制令，對比國際刑警組織主席孟宏偉被中共抓捕的時候，其妻主動聯繫西方主流媒體進行曝光，孟晚舟的這一做法有悖常理。在民主國家，個體被公權力壓迫受冤而借助公共平台喊冤，太正常不過了，除非她自覺不冤。

尤為突兀的是，中共批評加拿大侵犯人權？眾所皆知，真正迫害人權的正是中共。中共年年被評為「不自由國家」，至今仍大規模迫害法輪功學員，關押 200 萬新疆維吾爾人進行「洗腦再教育」，在國際上中共是人權惡棍。

就在華為首席財務官孟晚舟在加拿大獲保釋的幾乎同時，加拿大前外交官康明凱（Michael Kovrig）在中國被拘。

中共急報復 抓加國前外官

12 月 11 日孟晚舟案即將做出最後決定的關鍵時刻，中共抓捕了加國前外交官康明凱（Michael Kovrig）。外界普遍相信，中共當局拘留康明凱，是對加拿大司法機構逮捕孟晚舟所做出的報復行為。

當日，加拿大總理特魯多（Justin Trudeau）表示：「我們清楚了解到一名加拿大公民在中國被捕。我們已與中國（共）當局

開展直接交涉。加拿大政府認為該事件非常嚴重。」並在等待中方的答覆。

康明凱從 2003 年到 2016 年作為加拿大外交官在北京和香港工作，他會講漢語。目前他是國際問題研究機構國際危機組織的顧問。

加拿大前駐華大使馬大維（David Mulroney）表示，中共似乎是在玩殺雞儆猴的把戲，中共每次面臨弱小對手時，都會玩這種把戲。此次事件中，另一方是強大的美國，相比之下，加拿大就顯得很弱小。他還說，中共每次威脅其他國家都只是想達到自身目的，至於所謂什麼後果從未兌現過。

制裁中共高官 震懾勝過貿易戰

希望之聲評論文章認為，中共根本不在乎拿普通老百姓當貿易戰的代價，但是李尚福事件中共的反應讓特朗普清楚的看到了中共真正關心的，是那些核心的權貴集團自己的錢和在海外的子女。因此抓住這一點，就等於是打蛇打七寸，擊中了中共最害怕的軟肋。

2018 年 9 月 20 日，美國政府因中共軍隊從俄羅斯購買了軍事裝備，違反了美國的《以制裁反擊美國敵人法案》，下令對中共軍委下屬的裝備發展部及其部長李尚福實施制裁。這一下子，中共出奇的以高音量、大動作回應：

外交部和國防部發言人先後抗議，召見了美國駐華大使和使館代理國防武官，要求美方「糾正錯誤」，撤銷制裁；召回了正在美國參加會議的海軍司令員沈金龍，並且推遲中美兩軍聯合參

謀部對話機制第二次會議。與此同時，黨媒連發評論，稱美國「此舉史無前例」，「不能小看這個看似對中國幾乎沒有什麼實質性傷害的制裁措施」……

這一番官方的密集動作，徹底露了中共的底：它根本不在乎老百姓受苦吃虧，但是對於其核心利益集團、黨的高級黨員幹部來說，它絕對不可能忍受受傷、受威脅。

這次之所以抓華為的未來接班人，因為華為不僅是一家普通的技術企業，任正非也是中共核心利益集團裡面的核心成員。特朗普打蛇再次打到了七寸。

華為發跡極具江派背景 參與「金盾工程」

華為公司 1987 年在深圳成立，2012 年開始成為全球最大的電訊設備製造商。而這期間正是江澤民執政，以及江派架空胡錦濤的時期，華為趁機坐大。

華為創辦人、孟晚舟的父親任正非曾任中共軍方團職軍官；華為前董事長孫亞芳，1992 年加入華為前，曾長期在中共國家安全部任職，外界因此懷疑華為有軍方、國安背景。而此時的中共軍方、國安相繼由江澤民及其軍師曾慶紅的勢力掌控。

中共用於監控國民、封鎖真相的「金盾工程」，由江澤民的兒子江綿恆主導，而華為深度參與「金盾工程」。據中共官方報導，2002 年 9 月 3 日，「金盾工程」辦公室主任李潤森等參觀華為的研究所，對華為參與「金盾工程」建設的實踐和相關領域的探索十分認可。華為產品在全國各地的「金盾工程」項目中取得了很多實際應用。

有消息指，任正非跟江澤民的關係非常密切。據華為人講，江澤民只要去深圳，一定去華為。江澤民之子江綿恆與任正非的關係也非同一般，並「垂簾聽政」常常為其「下指導棋」；而華為的「低調」卻迅猛發展，更隱藏中共不可告人的戰略目的。

中共高層分化 孟晚舟案激化習江鬥

孟晚舟被捕消息公開後，中共高層分裂的跡象不斷浮現。首先，中共當局對孟晚舟被捕事件的態度從最初較「隱忍」陡然轉為「強烈」。

孟晚舟被捕事件發生八天後的 12 月 8 日，中共外交部副部長樂玉成緊急召見加拿大駐華大使麥家廉，指責加拿大政府扣留孟晚舟之舉「性質極其惡劣」，並「強烈敦促加方立即釋放被拘押人員，否則必將造成嚴重後果，加方要為此承擔全部責任。」同時要求美國「立即採取措施糾正錯誤做法，撤銷對中國公民的逮捕令」。

這類措辭極端、恐嚇挑釁的詞彙，超出了正常國家的外交溝通辭令，也再次透射出中共「霸道外交」的黑幫心態。

而就在中共外交部強硬放話後，12 月 9 日開始，外交部官網出現癱瘓，直到 12 月 10 日中午仍未恢復。中共外交部的種種異常，折射中共高層的分裂與暗戰。

其次，就如何應對孟晚舟案，中共內部分成兩派。

外媒 12 月 7 日披露，中共政府中的經濟官員和國安官員間，就如何處理貿易談判上意見分歧。經濟事務官員認為，應將貿易談判和孟晚舟被捕事件分開處理，並警告，雖然華為是中國發展

5G 網路技術的關鍵企業，但美中貿易談判若破裂，對中國會造成更大傷害。

但中共國安官員認為，孟晚舟被捕只是美國在貿易談判上獲得更多籌碼的策略，中共應該同樣打擊美國公司做為回應。

以習近平親信劉鶴為代表的經濟事務官員剛剛隨習參與同特朗普的會晤，見證雙方達成 90 天的「停火」協議，並將負責與美方的後續貿易談判。經濟事務官員的表態應該代表習陣營的意見。

而中共國安系統長期被江派曾慶紅、周永康等人把持，並與華為公司勾連密切。近期，中共各省級國安廳被裁撤，而在省級黨委中設置國安委，顯示習近平加強清洗、掌控國安系統；而美國特朗普政府在 2018 年下半年密集查處了數起江蘇國安廳間諜案，並跨國逮捕了江蘇省國安廳高官。

遭受特朗普政府與習近平陣營內外夾擊的中共國安系統要求習當局對美國做出更強應的回應，不僅暴露其垂死反撲的心態，還隱現其欲捆綁習當局、讓習當局與特朗普政府對抗而坐收漁翁之利的企圖。

貿易戰不斷升級以來，習近平當局不僅面臨美國的壓力與大陸經濟危機的困境，更受到江澤民集團藉機攪局、反撲的危險。在阿根廷特習會前夕，習近平當局已頻頻向特朗普政府作出妥協姿態，同時釋放清洗官場、震懾江派的信號。

另一方面，近年來，尤其 2018 年以來，特朗普政府發動盟友全球封殺華為的態勢愈演愈烈。2018 年 11 月 26 日，習近平當局公示了為「改革開放」作出傑出貢獻的百人表彰名單，華為創始人任正非蹊蹺落選。

在上述兩重背景之下，習近平獲悉孟晚舟被捕消息之後在與特朗普會晤時並未提及；習外訪回國後，又傳出中共高層就如何應對孟晚舟案而公開分裂的消息。這或表明習近平早已決定不會在華為問題上與特朗普政府強硬對抗。

相反，特朗普政府抓捕孟晚舟、全球封殺華為，對習陣營至少有兩大政治收益。其一，習近平可以藉機加速清洗國安系統江派勢力，將華為重組、收編為己有；其二，習當局在貿易談判中不得不向美方作出妥協時，與江澤民家族及江派國安勢力勾連緊密的華為公司被特朗普政府箝制，可令江澤民集團有所忌憚，不敢過分反撲、攪局。

特朗普政府在敏感時機抓捕孟晚舟，不僅為全球封殺華為及中美貿易談判布下關鍵棋子，還微妙介入中共高層內部博弈，為中國政局發展增添變數，為國際圍堵中共的浪潮帶來新的亮點。

第二節

全球警惕中共竊密監控

在海外，華為被質疑竊密、監控和攻擊外國用戶，是中共國安部在海外幹壞事的掩護器和白手套。（Getty Images）

　　孟晚舟在加拿大被捕後，各國對中國電信集團的安全隱患增加。美國 FBI、CIA、NSA 等機構都曾指出華為等中國通信產品存在內置竊取情報的裝置問題，建議美國政府嚴禁使用。目前，很多國家的政府人員也禁用華為手機，以防洩密。

華為是中共監控民眾最有力的打手

　　華為公司於 1987 年在中國深圳成立，自 2012 年以來一直是全球最大的電信設備製造商。華為也生產消費類電子產品，2018 年超過蘋果成為全球第二大智慧手機製造商，僅次於三星電子。

　　2018 年 12 月 18 日，中共中央表揚了 100 個著名的改革開放人物，包括阿里巴巴的馬雲、騰訊的馬化騰、百度的李彥宏、聯想的柳傳志等，卻漏掉了科技巨頭華為的任正非。

從體量和科技實力來講，華為都遠遠超過了其他幾家科技公司。大陸媒體《壹科技》曾經做過專題分析，《華為體量到底有多大？相當於百度、阿里巴巴、騰訊的總和！》2017 年，華為全年營收 6036 億元人民幣，約合 941 億美元。

論員工數：截至 2017 年初，百度 5 萬、阿里巴巴 5 萬、騰訊 3 萬，總共 13 萬；華為 17 萬。論納稅額：2016 年，百度 22 億、阿里巴巴 109 億、騰訊 70 多億，合計約 200 億；華為納稅 337 億。

目前，全球有超過 20 億人每天使用華為的設備通信，即使在 4G 技術領先的歐洲，華為也有過半的市場占有率，在 150 多個國家擁有 500 多家客戶，營收七成來自海外。

從技術角度看，華為的產業鏈之完整，技術之完備，也遠非中興通訊能比。它擁有完整的手機、電信設備、企業網路設備，還有自己的操作系統（比如手機，基於安卓進行個性化開發），有自己的晶片。

換句話講，華為如果想監控你，可以在手機、電信服務商、企業端、政府端全面進行。

華為也確實是中共最有實力的打手。現在華為是中共政府和軍方的電信類業務最大承包商。遍布全國的監視中國民眾的系統「天眼」，新疆關押百萬人的「再教育營」的管理系統，監控迫害基督教、法輪功、全球間諜、技術駭客等等，背後都有華為的鬼影子。

中共國安部 海外竊密監控的白手套

在海外，華為也一直是被質疑竊密、監控和攻擊外國用戶，

是中共國安部在海外幹壞事的掩護器和白手套。

2000 年，華為與美國企業開始合作之初，美國企業就發生重要數據線被盜的事件，還引發了訴訟案。2009 年，美國國家安全保障局（NSA）開始對任正非及其周邊親信實施祕密調查和監視。

2012 年，美聯邦議會發布的一份報告中，指華為可能涉及間諜活動，威脅美國國家安全。報告中涉及任正非的內容多達52 頁。

當時確有很多證據顯示，中國對美國進行了大量駭客攻擊。實施這類攻擊的，被認為與華為這種通信公司關係密切。

自 2018 年以來，美國的聯邦調查局（FBI）、中央情報局（CIA）、NSA 等機構，都宣稱華為等中國通信企業的產品存在內置竊取情報的裝置問題，建議美國政府嚴禁使用。不僅如此，美國政府還公開鼓勵世界各國抵制華為的網路產品。

除了美國、澳洲、新西蘭、意大利，日本也傳出將同時響應抵制華為的行列，就連韓國與華為的合約亦遭到凍結。英國也打算在兩年內徹底移除 4G 網路中的華為設備，並剔除華為在未來5G 行動網路的投標廠商名單。不過先前也傳出，目前已經有 20家廠商與華為簽訂合約，只不過名單並未透露。

2018 年 7 月 13 日，澳洲戰略政策研究所（ASPI）發布的一份新報告披露，中國電信巨頭華為與非洲聯盟的重大數據洩漏事件有關。報告說，法國《世界報》（Le Monde）於 2018 年 1 月份發布的一項調查指出，位於埃塞俄比亞的非洲聯盟（AU）總部的機密數據每晚都被發往上海，持續了五年之久。中共被指為幕後操手。

新報告披露，華為曾與 AU 委員會於 2012 年 1 月 4 日簽署

一份合同，規定華為為 AU 總部大樓提供一些網路技術基礎設施。

外界也一直質疑華為的背景。華為從未上市，管理架構相當神祕，被指長期幫助中共監視中國民眾。華為公司的產品從智慧手機到路由器、交換機、基站等，目前全世界 145 個國家及 500 個電訊運營商使用華為產品。

華為前員工曾對外媒透露，華為的內部運作也如同特務機構，在商貿活動、人員調配上都聽命於中共，並為中共軍方的一支精銳網路戰部隊提供服務。

美國防部 2008 年對國會的調查報告指出，華為公司的兩位靈魂人物：時任總裁任正非、董事長孫亞芳的出身背景十分特殊。任正非在中共軍方工程部門任職 14 年後退伍，創辦華為公司之後，憑藉其岳父四川省副省長孟東波的勢力，在中國西南軍區取得程式控制交換機龐大市場，奠定華為公司成為「電信帝國」的基礎。

報告還說，華為前董事長孫亞芳，大學畢業後在中共國家安全部（MSS）從事通信工作多年，在國安部安排下，1992 年加入華為，實際負責與各國政府和軍方之間的業務。

另據《華盛頓時報》報導，美國中央情報局（CIA）的公開調查報告揭露：華為公司過去三年從北京政府拿到 2 億 2800 萬美金的資助，提供中共政府「如同 KGB（前蘇聯國安會）一般的情報服務」。中情局的資料顯示，華為協助非洲、中亞、南美以及中共政府建構監聽及定位設備。

美國知名的 DefCon 駭客大會指出，華為公司生產的路由器有明顯安全性漏洞。這些預留了「後門」的設備，令中共軍方可以隨時存取任何資料。中共不僅監控及過濾中國大陸網路的一舉

一動，還透過華為和中興賣給海外的電訊設備，企圖擁有了監控全世界大部分網路的能力。

前五角大樓高級政策分析師 F. Michael Maloof 認為，中共是透過華為（Huawei）及中興（ZTE）兩間電訊供應商去製造「後門」，為世界各地電訊商安裝不同電訊設備的同時亦安裝了「後門」設計，好讓中共能夠監控得到各式各樣的信息，即上網及通話資料等，並有機會修改甚至破壞原有內容。

美國國會美中經濟暨安全審查委員會 2018 年 4 月發布報告，指控中共當局可能支持某些企業進行間諜活動，遭點名的中企包括華為、中興、聯想三家。

華為是中共間諜機構 想藉 5G 稱霸

華為除了與伊朗非法往來外，其在設備上安置間諜軟件，以及創新研究計劃也是觸怒美國的另兩個關鍵原因。

孟晚舟被捕的消息傳出後，美國共和黨聯邦參議員克魯茲（Ted Cruz）、盧比奧（Marco Rubio）和薩斯（Ben Sasse）紛紛對此表示贊成，並敦促「立即」將孟引渡美國。

盧比奧 2018 年 12 月 6 日發表聲明說，華為與中共政府和共產黨有直接聯繫，長期以來對美國國家安全構成嚴重威脅，「我繼續強烈敦促加拿大，重新審視把華為納入其 5G 開發、引進和維護的任何層面的做法。」

克魯茲 12 月 6 日也在推特上發表系列推文說：「華為是蒙上一層電信公司薄薄面紗的中共間諜機構，它的監視網絡跨越全球。」他還說，華為首席財務官孟晚舟，在加拿大被捕既是機會

也是挑戰。「我們的盟國加拿大必須保持堅定，並把她引渡美國，她在美國面對的將是中國所沒有的：公平、公正的司法系統。」

共和黨聯邦參議員薩斯12月6日也發表聲明說：中共正在變著法兒地破壞美國國家安全利益，美國和盟國不能坐視不管。中共的侵略有時明顯由政府贊助，有時通過很多北京所謂的「私營」部門實體來轉手進行，這些實體與中國共產黨是同床伴侶。

美國官員多年以來，一直懷疑華為有中共政府或軍方的背景，認為華為會在中共當局強壓下，在其世界各地銷售的硬體中植入監聽裝置或干擾通訊等。

除了涉及違反美國對伊朗制裁之外，美國政府還認為，華為可能在中共政府逼迫下，藉助其零部件產品所掌握的信息窺探或擾亂電信網路，因此將其視為國家安全方面的一個威脅。

華為近幾年推動的5G網路基礎設施建設，是「中國製造2025」產業政策的重要構成部分。中共藉「一帶一路」，已經使61個國家接受使用華為生產的手機，以至於華為公司副董事長、輪值CEO徐直軍接受美國媒體訪問時，毫不掩飾地說：「美國將無法在通信領域領導全球，如果美國不採用華為的5G產品的話。」而前一段時間，華為旗下的海康威視製造的監控儀已經安裝到了美國的國防部及軍方領域。

過去一年中，華盛頓方面採取一系列舉措限制華為在美國的業務，最近美國官員還將他們認為存在的網路安全風險告知德國、意大利和日本等廣泛使用華為設備的盟友，旨在說服盟國實施類似限制。

此前，由於擔心華為可能為中共間諜活動提供便利，澳洲、加拿大、韓國、日本、印度、俄羅斯等國都曾表態不願意採用華

為的 5G 技術。

據英國《金融時報》報導，英國電信集團（BT Group）也會將華為排除在 5G 網路設備投標廠商名單之外，並將在兩年內將華為設備從其核心 4G 網路中剝離。

華為滲透美國校園 盜竊最前沿成果

另外，中共也利用華為來偷盜美國最先進的科技成果。

美國國會議員曾要求美國行政當局調查「華為創新研究計劃」（HIRP）。根據「華為創新研究計劃」官網顯示，該計劃為在通信技術、電腦科學、工程和相關領域進行創新研究的領先大學和研究機構提供資金。

2018 年 6 月，由參議員盧比奧和眾議員班克斯牽頭的 26 名美國兩黨議員聯名致函美國教育部長戴弗斯（Betsy DeVos），要求其調查華為與美國 50 多所大學在技術領域的合作關係，以防止美國研究、技術遭到竊取。

公開資料，「華為創新研究計劃」覆蓋 20 多個國家 300 多所大學，包括哈佛大學、麻省理工學院（MIT）、德克薩斯州大學奧斯汀分校、斯坦福大學、加利福尼亞大學伯克利分校、加州大學洛杉磯分校（UCLA）、耶魯大學、密西根大學、馬里蘭大學，及北卡羅來納州立大學等。

據說，華為與這些知名大學搞合作，華為出錢，大學科研團隊每周或每月都要給華為匯報研究進展。華為用這種方式來掌握最先進的科技成果。

華為的這些種種惡行，導致了華為小東家孟晚舟的被抓。

日媒爆重大證據：拆開華為設備見多餘零件

接下來孟晚舟將面臨冗長而艱難的引渡程序。美東時間 2019 年 1 月 28 日，美國司法部宣布起訴華為及孟晚舟，並確認會向加拿大當局提出引渡孟晚舟的要求。而孟晚舟必須在 2019 年 3 月 6 日再次出庭，屆時加拿大法庭將安排引渡聆訊的時間。

美國之音報導，法庭公布的文件顯示，孟晚舟在宣誓證詞中說，對於所指控的內容，她是無辜的，若被引渡將在美國就所有指控進行抗辯。

孟晚舟真的無辜嗎？中共又要把違禁出口伊朗的事歸在某個臨時工、某個下屬身上？

就在孟晚舟被加拿大法庭同意保釋的前一天，2018 年 12 月 10 日，日本政府宣布將華為和中興通訊的產品排除出政府採購清單，理由是確保不會在網路運營設備中被植入竊取、破壞信息和令信息系統停止等惡意功能。

日媒富士電視台 12 月 7 日引述來自政府人士的消息披露，日本政府拆開華為設備，意外發現了多餘的零件。

富士電視台引述日本執政黨自民黨有關官員的話透露，「日本政府在拆解華為設備後，發現了硬件中存在不必要的零件。」詳細情況他們沒有公布。

日本是繼美國、澳洲、新西蘭之後，又一個禁止華為通信設備的國家。

特朗普表態：有利於美國就會做

就在溫哥華法庭批准孟晚舟保釋申請的同時，特朗普總統告訴路透社，只要符合美國國家利益，他就會介入孟晚舟一案：「只要是對這個國家有利的，我就會做。」

「如果我認為它有助於達成有史以來最大規模的貿易協議——這是非常重要的事情；（或）它有利於國家安全——我就肯定會在必要情況下介入這件事。」他還透露，白宮已就孟晚舟一案與美國司法部及中方官員進行了溝通。

在被問及中國國家主席習近平有否就此事向他求助時，特朗普說：「他們還沒有打電話給我。他們正在和我的團隊溝通，但還沒有打電話給我。」

此前中國另一家通訊業巨頭中興公司受美國商務部制裁幾乎崩潰時，習近平曾致電特朗普求助。之後美方在進行嚴格監控的前提下，放了中興一條生路。

曾有分析指，中興事件一來令美國政府清楚了解到未來與中共再起爭議時應該往哪裡瞄準，二來緩和了習近平與特朗普的關係。後來習近平在阿根廷 20 國集團峰會後與特朗普會面時能夠做出結構性改革的表態，與特朗普在中興問題上的一放一收或有關聯。

特朗普總統做出上述表態後，可以猜測，美國會利用孟晚舟被抓給中共施壓，一旦中共同意做出結構性改變，與美國簽訂貿易戰停戰協議之後，孟晚舟也許有機會回到中國。

但也不排除她被作為華為人質而被扣留在加拿大，表現形式就是美國要引渡孟晚舟，但她堅決抗議引渡，加拿大法庭對此審

議將進行幾月幾年甚至十幾年。若是這樣，任正非就不得不再另選接班人了。

但是即使孟晚舟能夠回到中國，這也只是中美交鋒的一個回合而已，假如中共沒有實施它所承諾的結構性改變，美國將還會制裁中共。屆時，華為與孟晚舟依舊是美國緊盯的對象。

第三節

加媒曝光挺華為的華人
與中共關係緊密

郭紅（左）和董美函（右）第一
時間召開新聞會聲援孟晚舟。加
拿大《國家郵報》報導，此二人
與中共政府的關係非同一般。（新
紀元合成圖）

　　華為孟晚舟事件給加中帶來了一場前所未有的外交風波，過
程中一些與中共關係密切的華人及組織浮出了水面。華為首席財
務官孟晚舟在溫哥華被捕的消息剛公布時，當地華人組織就召開
新聞會，要求加拿大放人。加拿大《國家郵報》發現，該新聞會
的兩名發言人與中共關係密切。

　　據《國家郵報》報導，在卑詩省列治文，孟晚舟被捕的消息
剛公布，公眾還沒弄清是怎麼回事時，自稱是加拿大婦女兒童聯
合會（United Association of Women and Children in Canada）的組
織就召開新聞會，要求釋放孟晚舟。

　　報導稱，該組織在新聞會上沒介紹自己是什麼性質，只是說
它與中共政府無關。該組織的主席董美函（Mei Han Dong，音譯）

用中文說，孟晚舟是中國公民，她應該受中國法律管轄。知道孟晚舟被捕後，中共政府「非常憤怒」，「我們要求她得到公平和平等的待遇。」

該組織的發言人郭紅（Hong Guo）用英語說，加拿大被美國利用來攻擊華為和中國；加拿大法院對孟晚舟沒有管轄權；加拿大在不必要地破壞兩國之間的關係。

加拿大布魯克大學（Brock University）教授、前加拿大駐北京外交官伯頓（Charles Burton）稱：「她們的言論正好與中共政府對孟晚舟被捕的官方回應相呼應。」

加拿大前駐華大使麥家廉（John McCallum）2019 年 1 月 26 日被解職，源於親共華人及組織在 1 月 22 日為其準備的一個只有選定中文媒體出席的新聞會，麥家廉在會上就孟晚舟事件發出了與加拿大政府立場相對立的言論。

董美函和郭紅與中共關係非同一般

按《國家郵報》2 月 25 日的報導，董美函和郭紅與中共政府的關係非同一般。

在移民加拿大之前，董美函在北京人民大會堂推出了她的投資基金。大會堂通常只用於中共政府的重要活動。

據信董美函大約在五年前移民加拿大，她主管的公司 Huamulan Developments Inc. 旨在建造學生住房。根據一些中文網站的紀錄，該公司於九年前在北京人民大會堂舉行公司成立活動，同年，該公司組織了中共國慶 60 周年的慶祝活動。

該公司在加拿大沒看到有明顯的營運活動，但主辦過一些有

中共政府駐溫哥華領事館代表和當地政界人士參加的活動。該公司積極向政黨捐款，比如在 2015 年到 2017 年間，給卑詩省自由黨捐款共計 9.9 萬元。董美函本人也多次向政黨捐款。

郭紅是一名卑詩省律師，1993 年從中國移民加拿大，她位於里士滿的律師行專門從事「中加商業交易」。按她的網站介紹，從 2002 年到 2005 年，她擔任中國的「外國法律專家」，這頭銜是由中共政府國務院任命的。

2018 年郭紅參選里士滿市長時，被媒體問到對中共政府人權問題的看法。她的回答是，國際媒體對中共踐踏人權的報導是「編造」的，「我認為中國有很多言論自由。」

郭紅在她的網站上晒出很多與加拿大政客合影的照片，包括與總理特魯多的合影。她在 2017 年有一筆政治捐款 1500 加元，竟是捐給數千里外（多倫多）的中國大陸移民國會議員譚耕（Geng Tan）的選區自由黨協會。

《國家郵報》的報導稱，他們嘗試採訪董美函和郭紅，但都一直沒成功。

中共通過民間組織滲透外國

中共通過建立各種民間組織滲透民主社會的做法已經有很多的報導。描述中共如何滲透國際社會的新書《熊貓之爪》（Claws of the Panda）作者曼索普（Jonathan Manthorpe）對《國家郵報》報導的回應是，加拿大婦女兒童聯合會似乎具有一個中共前沿組織的「所有特徵」。

伯頓說：「建立虛假的公民社會非政府組織，是（中共）統

一戰線的既定運作方式」。

《國家郵報》稱，他們採訪了卑詩省兩家致力於幫助女性從事商業活動的非營利組織主管——女性企業中心（Women's Enterprise Centre）的 Laurel Douglas 和 WebAlliance 的 Lisa Niemetscheck。她們都說沒聽說過這個加拿大婦女兒童聯合會。

曼索普表示，這樣的組織不代表華裔加拿大人，因為絕大部分來加拿大的中國人，是「因為他們不希望被中共統治或控制」。

第四章

中興風波 習近平求情

美國一紙禁令，讓中興通訊遭遇滅頂之災。存亡之際，習近平打電話給特朗普總統求助。特朗普政府最終放生中興，條件是撤換管理層和董事會、支付 13 億美元罰款……

美國會反對放生中興，因其承載著中共的 5G 發展與《中國製造 2025》規劃；中共想讓全世界都在高科技業臣服於它的腳下。（AFP）

第一節

中興華為面臨滅頂之災

中興受罰、華為受查，中國通訊廠
商的雙雄面臨滅頂之災。（大紀元
資料室）

　　繼 2018 年 4 月 16 日美國商務部正式公布對中興通訊的制裁後，4 月 30 日，美媒證實華為也因涉嫌與伊朗違規交易而遭受美國調查。中國通訊廠商的雙雄面臨滅頂之災。

　　敏感時刻，美方譴責 19 家官方背景的中企從事間諜活動，令這些企業「不寒而慄」。

　　中興通訊遭到美國方面的制裁，切斷其美國供應鏈將達七年，理由是中興違反了美國限制向伊朗出售美國技術的制裁條款。一紙禁令，基本斷送了中興的所有未來，讓中興通訊遭遇滅頂之災。

　　中興通訊總部位於中國深圳，1985 年成立之初是中共航空航天部下屬單位，30 多年發展之後，中興成為全球最大電信設備製造商之一。其發布的 2017 年報中，近 300% 的利潤增幅使得市場對中興通訊曾充滿了希望。

然而，美國的一紙禁令，基本斷送了中興的所有未來，原本明朗的前景一夕變得迷霧茫茫。

華為受 FBI 刑事調查

華為與中興發展軌跡接近，此前也遭遇了美國政府的調查。華為 2018 年初大舉進軍美國市場一開始就遭遇挫敗，原定於 2018 年 CES 上宣布與美國電信運營商合作發售華為智慧手機的計劃被迫流產，隨後百思買等公開管道合作夥伴也中止銷售華為手機，令其無緣美國市場。

作為中國通訊廠商的雙雄，與中興的不同之處在於：華為一直在加大自主研發比例，低調神祕的海思半導體和 2012 實驗室都承擔這部分的研發工作。以手機端為例，它成了蘋果、三星之外，第三個擁有獨立 SoC 研發能力的企業，且在基帶晶片上擺脫了高通的控制。

據《華爾街日報》援引政府知情人士的消息報導，美國三大政府機構司法部、財政部和商務部正對華為展開調查，調查華為是否違反了美國的制裁令，向伊朗出口含有美國技術的產品；華為已經收到來自美國商務部和司法部的行政傳票。如果找到華為違法出口的不利證據，美國政府可能會對華為進行行政處罰和商業制裁。

2018 年 4 月 24 日，《華爾街日報》稱，華為正面臨刑事調查，可能面臨比中興更為嚴重的後果。分析指出，從機構性質而言，這次美國司法部的調查是由轄下的聯邦調查局（FBI）進行的，屬於刑事調查。這意味著華為可能面臨額外的刑事處分，而早前

中興受到的美國商務部制裁僅屬於行政處罰。華為所有涉嫌參與非法活動的個人可能面臨起訴。

路透社報導，紐約聯邦檢察官至少從 2017 年開始就一直在調查華為公司，了解他們是否違反美方出口和制裁法令，將產品運往伊朗和其他國家。

彭博隨後引述知情人士的話說，早在 2016 年，美國商務部與財政部外國資產管制辦公室（OFAC）就曾向華為發出行政傳票，尋求有關華為是否向敘利亞、伊朗和朝鮮等流氓國家發送美國技術的訊息。知情人士透露，聯邦調查局和 OFAC 對華為的調查至少從 2017 年初就開始進行。

分析指，華為可能遭遇和其中國競爭對手中興通訊同樣的命運，並被禁止購買美國製造的元件。

中興華為面臨滅頂之災致命點

76 歲的侯為貴也許不會想到，他一手創立並掌舵超過 30 年的中興，會在自己退休兩年之後遇到成立以來的最大一次危機。禁令葬送了中興的未來，沒有了美國供應商的支援，從電信設備到智慧手機，均將受到嚴重影響。

以中興手機為例，高通的晶片占比近六成，聯發科占比約三成。但即使全部換作聯發科，也還有其他元器件如 PA 功率放大器無法取而代之，這部分幾乎全部來自於美國廠商 Avago、Qorvo、Skyworks 等。

系統軟體則來自 Google 的 Android 作業系統（GMS 認證），是在海外發售手機繞不開的一道牆，中興手機也是唯一一家在美

國智慧手機市場有顯著份額的廠商。現在，不僅元器件不賣給中興，Google 也不能提供原生 Android 套件應用給中興了。這意味著中興的智慧手機產品徹底走進了死胡同。

據介面新聞報導，不少中國電信廠商在元器件上極度依賴美國企業的供應。國金證券的研報指出，根據美國半導體協會（SIA）、國際半導體貿易統計協會（WSTS）的資料，2017 年，全球半導體總銷售額 4122 億美元，其中美國半導體企業銷售額高達 1890 億美元，在全球占比高達 46％；而在中國市場，美國企業的市場占有率達到 51%。

工信部賽迪智庫 2016 年 4 月發出的一份報告中提到，中興的主營業務，包括無線網路產品、光傳輸產品、資料通信產品、手機終端產品等，對國外晶片依賴嚴重，涉及的公司包括英特爾、博通、Acacia、高通、Xilinx 等。

一位在美國攻讀類比電路晶片專業的大學生告訴記者：「中國在上個世紀硬體發展的時候沒有跟上節奏，現在已經是軟體時代了。對美國的學術界來說，晶片已經屬於夕陽產業，即便中國想跟上步伐，送出很多學生去美國學技術，但這些技術要麼被大公司壟斷，要麼已經沒有科研價值。學生只能轉專業去學電腦。」

北京交通大學電腦與信息技術學院副院長李浥東表示，不少學生表達了對機器學習、大資料分析、人工智慧方向的興趣，對硬體等底層技術，已經鮮少問津，「學生的預期和市場的情況息息相關，不同專業之間的收入差距太大了，等到現在開發的晶片用完了，未來 10 年以後，我們的晶片靠誰開發？未來想趕超美國，趕都趕不上了。」

華為則成功研發出海思晶片，部分擺脫了來自美國上游企業

的掌控。在近期華為全球分析師大會上，華為輪值董事長徐直軍承認，「有些事情不是以華為的意志為轉移的，既然沒法左右，還不如不去理它。」

陸媒分析指出，技術巨頭們在發展晶片時，猶然舉步維艱，對於那些已經錯過了硬體紅利期的企業來說，再想發展晶片業務，可能更加是天方夜譚。

美國政府對華為說不

虎嗅網指出，華為才是美國政府最為忌諱的中國通信巨頭。華為是全球最大的網路設備提供商和第三大手機廠商，最有可能挑戰美國在 5G 通信時代技術話語權。2018 年早些時候，美國政府直接否決了博通斥資 1200 億美元收購美國通訊與晶片巨頭高通的交易，同樣是擔心交易可能影響高通未來的研發投入，給華為帶來在 5G 通信時代的技術趕超契機。

長期以來，美國官方疑慮華為可能替中共竊取信息。從 2008 年華為正式拓展美國市場迄今，美國政府叫停了華為的四次重大收購交易，否決了第三大運營商 Sprint 給華為的 60 億美元網路設備訂單，阻止了美國主要運營商與華為之間的業務合作。

2018 年以來，美國六大情報機構和國會調查報告連續數次提到，華為與中興可能替中共政府竊密，建議美國運營商和消費者遠離這兩家中國廠商。在這種政策壓力下，美國第二大運營商 ATT 和電子產品零售商百思買先後放棄了銷售華為手機的合作。

美國聯邦通訊委員會（FCC）2018 年 4 月 17 日也通過決議，禁止美國小運營商採購華為設備。美國電信設備市場每年規模高

達 300 億美元，愛立信和諾基亞這兩大北歐通訊巨頭各自占據 48％的股份，而華為的市場份額不到 1％，只能接到一些偏遠山區地區運營商的採購單，現在這個市場也要全部丟失。

據諮詢公司埃森哲統計，美國各大運營商將在未來七年投入 2750 億美元鋪設 5G 通信網路。這個巨大的市場與華為再次絕緣。華為目前在全球通訊設備市場的份額為 27％，高於愛立信與諾基亞。

在美國市場連續受挫之後，華為駐美國首都華盛頓辦公室負責人、負責政府關係的副總裁威廉普拉默（William Plummer）也在效力華為近八年後黯然離職。這或許說明華為已經暫時放棄了美國市場的拓展計劃。

華為被查三大原因

新唐人電視台綜合港媒和外媒報導，美國調查華為主要有三個原因。首先，華為有中共軍方背景，可能被利用從事技術間諜活動。

華為雖然自稱為沒有上市的「民企」，但是創建者是中共軍方前工程師任正非。外界普遍懷疑，華為能發展成中國最大的電訊設備商，與中共官方支持有關。

美國會曾發表報告，點名華為、中興、聯想三家中企涉嫌在出口產品和技術中設置後門，替中共在海外從事間諜活動。近年來，美國和英國等多個國家開始抵制中興和華為產品。

在公布中興禁售令的次日（2018 年 4 月 17 日），美國聯邦通訊委員會（FCC）又全票通過一項決定，禁止接受聯邦政府補

貼的美國移動通訊運營商購買中國企業生產的任何電信設備。這一決定直接針對華為和中興，可能會實際上徹底扼殺華為在美國已經很少的業務。

其次，華為違規向伊朗和朝鮮等被聯合國制裁國家出口電訊設備和提供技術支援，罪同中興。

據《紐約時報》報導，美國商務部對華為的調查始於 2016 年。當年美國調查中興時截獲兩份中興機密文件，其中不但詳細說明中興如何利用「隔斷公司」與伊朗、朝鮮和古巴等被禁售的國家做生意，還列出了其競爭對手 F7（華為的代號）。

外界認為，中興和華為等官方背景的公司，為中共「盟友」朝鮮、古巴和伊朗等國提供技術和設備，應該是得到了中共官方的支持。

第三，華為號稱將「引領 5G 時代」，威脅全世界信息安全。中興事件說明，中共所謂的高科技公司關鍵部件都依賴歐美技術，現在卻要同歐美搶奪 5G 話語權，實際是「搭了順風車、還要搶方向盤」的行為，不講商業道義。

而且，如果華為實現「領航 5G 時代」，那將意味著無視國際規則的中共將在很大程度上有權制定網路規範，把控關鍵技術，這將使西方國家的信息失去安全屏障，進而威脅其國家安全。

法國國際廣播電台 4 月 23 日文章揭祕中共「崛起」的原因，認為自所謂「改革開放」以來，歷屆中共政府並不致力於為中國建立健全的製造業和內外貿易體系，也沒有致力於研創核心技術，而是投機取巧，依靠對外產品出口和對內出售土地迅速積累資金，實現了所謂「大國崛起」。

文章中稱，中共從美國購買晶片再轉賣給伊朗，以及中美貿

易多年的不公，說明中共對美國的侵害已到肆無忌憚、不知收斂的地步。因此，美國有一千個理由對中共打一場貿易戰，讓中共反省自己損人利己的行為，重挫它的野心和全球戰略。

美媒：北京怒火或燒向華為

中興事件後，中共國務院國有資產監督管理委員會研究中心在一份題為《中興通訊遭遇美國制裁事件的分析和反思》的文件中指，在此事件過程中，「中興通訊公司一系列應對都十分愚蠢和被動」，而且對自身及其他央企都可能帶來高危影響。

美媒《石英》雜誌 2018 年 4 月 23 日刊文稱，這表現出北京私底下對中興通訊的氣憤。美國《商業內幕》26 日文章則說，這對華為而言可能是一個令人擔憂的先例。

與這份文件相比，更能顯示出當局對當前局勢憤怒的舉動，是悄悄撤下了《厲害了，我的國》，而這對華為可能也是個不利的消息。

不過，上述中共國務院文件中，被譴責的是中興的「一系列應對」，而不是中興與伊朗等國家的貿易本身。這似乎說明，中共官方對中興等公司這種被國際制裁的無數違規行為心知肚明。

因此，如果華為接受美國調查時的「一系列應對」不出現紕漏，北京應該沒有遷怒於華為的理由。而美國數個部門對華為的調查持續兩年，仍未公布任何結果，這似乎說明華為的「應對」遠勝於中興。中興被截獲的內部文件中也提到了這一點。

關於中興的「愚蠢」，有網文盤點，中興最開始時，僱用了伊朗的「死對頭」——一個猶太人擔任其美國法律顧問，結果

導致中興和伊朗的祕密交易被舉報；在美國的調查過程中，一名中興高管還攜帶未加密的相關內部文件出入美國海關，導致文件被截；在同美國打官司時，甚至僱用了一名偽裝成非專業律師的FBI 臥底探員，「蠢出了大洋彼岸的新高度」。

有網友評論稱，這不是愚蠢，而是中興習慣了中共不講誠信、無視規則的政商生態，把美國政府當成了中共政府，以為用金錢就能收買，用關係就能打通，用敷衍就能了事。

制裁已波及 19 大中國企業

2018 年 4 月 19 日，美國國會美中經濟與安全審查委員會（USCC）發布《美國聯邦信息通訊技術（ICT）供應鏈來自中國的風險報告》（《Supply Chain Vulnerabilities from China in U.S. Federal Information and Communications Technology》，下稱《風險報告》），點名 19 家中共國企、行業龍頭或國防背景的企業，指其受中共政府支持，在美進行商業間諜活動，盜取智慧財產權。同時，中共可以控制他們生產的電信設備，執行中斷通信、間諜性操作或發起網路攻擊，對美國的國家安全構成威脅。

這 19 家中企包括中興、華為、華勝天成、京東方、中國電子科技集團公司、中國科學院、浪潮、聯想、利盟、力神電池、天馬微電子、冠捷科技、清華控股、深圳萊寶高科等。涉及的產品則涵蓋了面板、晶片設計、封裝測試、通訊設備、光電、手機製造、電腦、5G、AI、物聯網，以及雲端、大資料等各個方面。美國 2018 年選擇在中興制裁令發出四天後發布報告，並明確點名，令這些中國公司分外緊張。

陸媒 4 月 26 日自曝，這 19 家中國公司已在美國的調查名單上。但報導沒有明確提及是何種調查，或面臨何種制裁。如果中美貿易戰繼續，這 19 家公司可能會被美國追加各種限制措施。

公布《風險報告》之前的 4 月 17 日，美國聯邦通訊委員會（FCC）已全票通過一項決定，禁止接受聯邦政府補貼的美國移動通訊運營商購買中國企業生產的任何電信設備。這一決定直接影響華為和中興在美國的業務。

USCC 的報告加上美政府的制裁，使得京東方股價一度累計大跌近 20％，與華為相關的中國軟體國際跌幅一度達到 16％，聯想集團跌幅超過 3％。

制裁根本指向中共流氓體制

歐美高科技產品在全世界暢銷，從沒有哪個國家的公司如此大面積地被他國政府或民間指責從事「間諜活動」。

中國高科技公司不但被中共政府利用來監控本國民眾，近年來外國政府也越來越關注這些中國公司出口產品中的「官方後門」。2018 年 4 月中旬，英國安全部門也已要求國內通訊產業不使用中興等公司的產品。

「中國製造 2025」計劃中確定中共政府將支援和資助一系列高科技公司，企圖「領航世界科技」。外界不但譴責中共政府支持會給相應領域帶來不正當競爭，也擔憂如果由中共制定高科技規則、掌握核心技術，會嚴重威脅他國信息甚至國家安全。

中國民主黨創建人之一查建國指出，懸在中國通迅業頭上的達摩克利斯之劍落下，一劍封喉。美國政府禁止供應的決定可能

給中興，甚至華為、聯想、小米這樣的中國「皇冠」企業帶來滅頂之災。

現有兩問：一，中興向伊朗、朝鮮運送受制裁的電信設備，在交納 8 億 9000 萬罰金後與美和解。可在和解協議的執行中又做虛假陳述，其一錯再錯為何現在不出來認錯認罪？二，有人講，美打壓中，將科技領域作為雙方交鋒的主戰場，這沒錯。因為中國《憲法》講「社會主義公有制消滅人剝削人的制度」，講要堅持「馬克思列寧主義」指引，要進行「共產主義的教育」，這都表明與美國價值觀、體制的本質對立，中美對抗是源於中共建黨的「初心」呀！中國是堅持現在體制與美成敵手，打技術戰、貿易戰，還是努力實現民主憲政，與美成盟國，合作發展技術、經濟，兩條路哪一條對中國人民最有利？

第二節

特朗普放生中興
與習討價還價

面對美國國會阻止放行中興,特朗普總統依舊兌現了要給習近平一個人情的承諾。(AFP)

美國商務部 2018 年 4 月份以中興違反美國向伊朗技術禁售的制裁條款為由,下令禁止美國廠商向中興供應關鍵零組件。

七年禁售令發出不足一個月,5 月 9 日,中興作為全球排名第四的網路設備製造商便宣布公司停止運營。

《華爾街日報》5 月 22 日引述熟悉中美兩國內幕的消息人士說,美國和中國已經就解決中興問題達成大致框架方案,協議將解除對中興的禁令,協議的細節還有待敲定。

美國會:中興置後門 威脅美安全

該消息引起美國舉國譁然,因為美國人都不喜歡中興。美國

國會民主、共和兩黨的領袖也都表示反對特朗普在中興問題上讓步。參議院銀行委員會更是提議，以國家安全為由通過了一項旨在阻止總統放行中興的法律修正案。

美國會曾發表報告，點名華為、中興、聯想三家中企，涉嫌在出口產品和技術中設置後門，替中共搜集信息，竊取機密，在海外從事間諜活動。美國六大情報機構主管在參議院作證時，警告美國民眾不要使用華為或中興通訊的產品，因為存在安全風險。

美國資深 IT 工程師約瑟夫對自由亞洲電台表示，上述指控並非傳聞而是事實。他說技術上是完全可能的，特別是對於安卓系統。安卓系統允許客戶自由地寫入一些軟件，錄取用戶的信息，個人信息。這是一個公開的平台。

華為和中興的手機已經多次被曝光，在其手機中有硬體和軟件設施，非法地竊取用戶的相關信息。其中最有名的是 2016 年曝光的廣升公司的一個軟件。

《紐約時報》2016 年報導，在美國從事安全工作的承包商發現，在安卓手機上，中國上海廣升信息技術有限公司的軟件，正在祕密收集用戶的行動和語言信息，而中興、華為手機也都使用了廣升的軟件。

美國國防部 2018 年 5 月 2 日發聲明，基於安全考慮，已要求全球美軍基地，停止銷售華為、中興通訊製造的手機。

《華爾街日報》引述知情人士透露，美軍官員擔心中共間諜可能通過華為或中興設備，追查美軍士兵的行蹤，進而掌握美軍基地及部隊的行動。

中興和華為等中國企業，還被指在中共官方的支持下，為中

共的「盟友」、國際社會禁運的朝鮮，以及古巴和伊朗等國提供技術和設備。

中興是「中國製造 2025」的關鍵

美國國會反對總統放生中興公司，還因為美國對中興的處理，牽動著中共的關鍵神經。因為中興不只是一家簡單的電訊設備製造商，它承載著中共的 5G 發展，也承載著中共野心勃勃的「中國製造 2025」規劃。中共是想讓全世界都在高科技製造業臣服於它的腳下，用它的價值觀來統領全球。

美國也意識到了中共的野心，所以制裁中興，一方面是因它違法了美國的制裁禁令，同時威脅美國的國家安全，但更深一步說，就是在遏制中共的高科技發展。

中美雙方在第二輪貿易談判後，雖然在聯合聲明中對中興隻字未提，並不是說中共不重視，相反，中共對中興的重視程度甚至超過美國對其他產品加徵關稅的關注。

事發僅僅一個月，習近平先後五度發聲，說「大國重器不可假手於人」，警告軍方不要技術落後。他曾說：「在關鍵領域、卡脖子的地方要下大功夫。軍事上也是如此。」

隨後《人民日報》就宣稱「將不計成本的加大晶片投資」。有媒體說中國已經成立了一個 1 萬億的新基金，專注支援本土晶片的生產和技術。主要面向記憶晶片、集成電路設計和符合半導體。

《大紀元》新聞看點分析說，世界上有很多國家都是從美國進口晶片等技術，但是它們並沒有被美國制裁。為什麼？因為大

家都是相互依存、互利共贏的，使用美國的技術，對美國沒有什麼威脅。而中共不一樣，它不僅利用美國的技術監控中國民眾，而且它還輸出迫害。中興手機監控美國人，竊取美國人的資料，嚴重威脅到美國的國家安全。

2018 年 3 月 5 日，美國海外投資委員會干預了新加坡半導體公司博通收購美國無線電通訊技術公司高通的計劃。

委員會解釋說，干預的原因是高通與華為等中國公司在 5G 技術標準化方面有競爭。如果高通被博通收購，美國將喪失在 5G 領域的領先地位，美國公司可能不得不選用華為的產品，從而威脅到美國的國家安全。

特朗普提放生四條件

中興擁有 8 萬職工。2018 年 5 月 22 日，美國總統特朗普給出了明確說法，他在白宮表示，商務部 4 月份決定美國企業向中興通訊禁售零部件以來，這家公司關閉了多條生產線，數萬中國人失業，但是美國的科技公司也遭受了衝擊。

路透社引述特朗普的談話，中方可能要接受四個條件，才有可能換取對中興的鬆綁。哪四個條件呢？簡單說中興要被處罰 13 億美元的罰款、撤換管理層和董事成員、美方對中興採取非常嚴格的安全規定、中興從美國購買很大比例的部件和設備。

特朗普說：「為了做個人情給習近平主席，我絕對會考慮。」不過他也表示，自己是否有權提出新的懲罰方案還是未知數，因為美國國會參眾兩院都不同意對中興鬆綁。有一些議員批評說總統屈服於中共的要求，可能損害美國的國家安全。

5 月 24 日參議院發布一項《國防政策法案》，規定特朗普政府必須向國會證明，針對中興通訊問題達成的任何交易，符合美國的國家安全利益。

面對國會的批評，財長姆欽（Steven Mnuchin）5 月 22 日在參議院撥款次級委員會聽證會上否認美國考慮提供中興通訊補救措施，是為了換取中方在貿易談判上的讓步，說這不是「對價關係（quid pro quo）或其他東西」。

美中就中興達協議 習近平致電特朗普

面對國會的阻力，特朗普總統依舊兌現了要給習近平一個人情的承諾。

5 月 25 日上午，多位知情人士告訴媒體，美國商務部官員通知國會議員，已與中方就中興通訊禁令問題達成共識，內容包括要求中興通訊支付更高的罰款、派美國合規官員入駐該公司，以及該公司改變管理團隊。如果中興通訊履行這項協議，商務部將取消對該公司的七年出口禁令。

5 月 25 日特朗普總統也發推文證實美中已就中興通訊禁令問題達成共識。當天特朗普接受媒體訪問時透露了中國國家主席習近平來電，兩人在電話中針對中興通訊問題的解決討價還價。

推文說：「參議員舒默（Schumer）和奧巴馬政府放任中興通訊（ZTE）蓬勃發展，沒有採取安全檢查措施。我讓 ZTE 關閉，然後再讓它重新運營，條件是提供高水準的安全保證、撤換管理層和董事會、必須購買美國零件，以及支付 13 億美元的罰款。」

「民主黨人什麼也沒做，只會抱怨和阻撓。他們只完成了不

好的交易（《伊朗核協議》），以及成為全球笑柄的他們所謂的貿易協議！」

特朗普 5 月 25 日還告訴福克斯新聞，中國國家主席習近平打電話給他，問他能否提供協助，讓中興通訊恢復運營。他反問習近平準備怎麼做？習回答願意讓中興通訊為違反禁運支付 5 億美元的罰款、改變管理層及更換董事會。

特朗普說他提出的要求是罰款提高到 15 億美元、撤換管理層和董事會、提供安全保證，以及中興通訊從美國公司購買大部分零部件。兩人討價還價後，最終達成的罰款金額是 13 億美元。

中美貿易戰還沒結束

2018 年 5 月 26 日陸媒報導，中國互聯網巨頭之一的騰訊集團董事會主席馬化騰，出席了深圳未來論壇峰會，他在會上發表對大陸科技現狀看法時說，最近的中興事件，算是把大家打醒了。很多人評價，中國有新四大發明，移動支付領先全球等，但這些都是表面的輝煌，中國大陸基礎科學研究薄弱，科技應用再先進，但只有終端，沒有晶片、操作系統等基礎技術，「就像沙盤上建起的樓房，一推就倒」。真正面臨競爭的時候，「一點還手的能力都沒有」。

馬化騰強調：「不要抱有僥倖心理，一定要投入更多資源在基礎科學方面。」

中興只是中美兩國貿易談判中的一部分，而特朗普在 5 月 22 日明確表示，他對中美第二輪談判不滿意，他表示這些談判僅僅是開始，要看接下來會發生什麼。

　　他說：「我們還有很長的路要走，但我想要很快走完。」特朗普再次批評過去的美國政府，讓別的國家在貿易上利用美國，中共就是其中最大的一個，發財了。

　　也就是說中美談判還得接著來，不是中共所說的停戰熄火了。特朗普表示如果談不成，美方就單方制裁，比如 301 關稅。

　　另外還有一個令中共不安的事情，美國國家安全顧問博爾頓加入了美方的談判團隊。CNBC 引述一名國安官員的話說，博爾頓參與重塑美中貿易關係是很「自然」，「國家安全顧問需要確保美國經濟官員跟中共的討論位於戰略框架內」。

　　博爾頓的加入，無疑又增加了美方對華貿易的強硬立場。日後雙方如何協商，還有待事件的發展。

第三節

中興再被罰 14 億
中共顏面掃地

美國與中興達成協議，對中興處以 10 億美元罰款及 4 億美元保證金。中共顏面掃地還不敢吭聲，怕華為等步其後塵。（AFP）

2018 年 6 月 7 日上午，美國商務部長羅斯（Wilbur Ross）在 CNBC《財經論談》（Squawk Box）節目中表示，美國已與中國電信巨頭中興通訊公司達成新的和解協議，以取代 4 月中旬對中興的七年出口禁令。

美國對違規者最大的罰款

新協議包括對中興處以 10 億美元罰款，以及 4 億美元的保證金，並由銀行託管；如果中興再次犯規，商務部將沒收這筆保證金。

另外，中興被要求在 30 天內撤換董事會及經營團隊，美國

派合規小組進入該公司，監控未來該公司是否履行協議，所有費用由該公司負擔；合規小組需向新任總裁匯報。

新設置的合規小組成員由美國商務部產業安全局（Bureau of Industry and Security，BIS）挑選。合規小組的運作至少維持 10 年，任務為實時監控中興通訊是否遵守美國的《出口管制法規》，並向 BIS 報告。商務部說這項規定是創舉，首次對違規者提出這樣的合規要求。

只有滿足了這些條件，美國企業才可以向中興提供 25 ～ 30％的零部件，其中有中興必須的晶片。

羅斯表示，這是相當嚴重的協議，是商務部有史以來針對違規者施加的最高罰款。

2017 年中興被罰款 8.92 億，另外加上 3 億 6000 萬美元保證金放在第三國，共計 12.52 億美元；再加上 2018 年這次的 14 億美元，中興共被罰款 26.52 億美元，合計人民幣 169.97 億元。

最後，新協議比照 2017 年的和解協議，同樣納入暫緩實施的出口禁令，暫緩期間為 10 年。如果中興在 10 年的「緩刑期間」中再度發生違規行為，BIS 將啟動出口禁令。

依據 ABI 的分析，中興生產的 Axon M 手機，大約六成零部件來自美國。美國商務部的出口禁令幾乎使中興癱瘓。依特朗普總統 5 月 25 日的推文，是習近平打電話給特朗普才令美國鬆口解禁中興。

國會反對放生間諜公司

中興與美方簽署協議的消息傳出，引發美國國會民主黨人的

強烈反彈，認為美國的這項決定將是嚴重的錯誤。美國之音引述參議院情報委員會首席民主黨議員馬克‧沃納（Mark Warner）聲明中的話說：「中興對我們國家安全構成威脅。這並非我一家之言，而是我們所有情報單位的一致結論。」

早前在美國國會聽證會上，美國六大情報主管共同指證，華為、中興是中共的間諜工具，威脅著美國國家和民眾安全。在這一點上，國會兩黨出現了難得一見的統一。

美國之音指出，中興的議題成了當時國會與特朗普總統之間的最大分歧議題之一。

不過有分析表示，特朗普放生中興，可能是想在維護美國企業的利益的同時，用別的方式繼續制裁中興。

中興事件也引起了中共黨媒之間的內訌，中共剛剛組建不久的廣播電視總台旗下的「國際在線」評論表示，中興受商業利益驅使，從 2010 年就開始犯錯了，應該「自己做的事兒自己扛」，「不要用商業利益來裹挾政府」，「不要當『巨嬰』」。言外之意是指責中興靠著中共政府在出資養活，這次是連累了中共。

對此，《環球時報》總編胡錫進表示，官媒用手帕捂著鼻子斥責中興「屬於『裝孫子』」，他甚至說：「我覺得這是我近年來讀過的最二的官媒評論。」

中共顏面掃地 不敢吭聲

獨立政經分析人士秦鵬認為，中興這個事把中共給折磨壞了，比大幅消減貿易額還受折磨。但中共有苦不敢說，畢竟處罰的理由是中興違反聯合國的決議，且資助的是美國的敵人伊朗。

「中共完全顏面掃地，但是還不敢哼哼，因為怕美國不給中興解禁，更怕華為等步其後塵，那麼中共就完了。這種還不能直接以貿易報復。所以它只能把這個髒水潑給中興自己。」

秦鵬指出，中共為什麼要花那麼大的力氣救中興？因為中興被禁最大的問題是，將整個中共的經濟、科技虛胖的真實面目一下子給暴露在全世界，特別是暴露在中國人面前。中共多年宣傳偽裝出所謂的科技怎麼厲害，「畫皮完全給扒下來了」。

除了缺乏美國晶片中興無法生成新產品之外，「還有國內好多黨政軍的設備，是中興去建設起來的，一旦中興真的長期被禁，實際上，將來這些設備是要癱瘓掉的。」

中共一黨專制 行業自律不可能

美國馬里蘭「信息與戰略研究所」所長李恆青分析，這回中興答應一定要進行合規的調整，但是說起來容易，做起來難，因為在中興被處罰後，中共搞了一個審計領導小組，曾專門發表中央講話，稱「要加強黨對審計工作領導，要加強審計從業人員的紀律意識」。這簡直就是太可笑了。

李恆青說，如果是黨要求審計師把數字從 1 改成 2，那聽不聽黨的領導？要不要守紀律？他強調：「美國審計人員絕不聽任何的領導，審計師不對公司管理機構負責，完全對立，是來監管的。所以整個這個行業，我們是靠行業自律管理，這種行業自律在一黨專制的政治結構底下是不會產生的。不可能！所以後續都有些什麼變數還不好說。」

第五章

張首晟墜亡之謎

2018 年 12 月 1 日，習近平和特朗普在阿根廷會晤之際，華為創始人任正非的女兒、華為副董事長孟晚舟在加拿大溫哥華被捕，美國要求引渡。同日，美籍華裔科學家、斯坦福大學教授張首晟在美國蹊蹺墜樓身亡，疑雲重重。

美籍華裔科學家、斯坦福大學教授張首晟於 2018 年 12 月 1 日在美墜樓離世，死因成謎。（大紀元資料室）

第一節

孟晚舟張首晟牽出江綿恆

張首晟　　孟晚舟

華為副董孟晚舟被捕當天，華裔
科學家張首晟墜亡。張首晟是中
共「千人計劃」學者，與華為有
關聯。兩案牽出江綿恆，疑雲重
重。（新紀元合成圖）

　　2018 年 12 月 1 日，習近平和特朗普在阿根廷會晤之際，華
為創始人任正非的女兒、華為副董事長孟晚舟在加拿大溫哥華被
捕，美國要求引渡。同日，美籍華裔科學家、斯坦福大學教授張
首晟在美國蹊蹺墜樓身亡，疑雲重重。

　　華為公司發跡極具江派背景，深度參與江澤民之子江綿恆主
導的「金盾工程」，被曝受控於江澤民家族。張首晟是中共「千
人計劃」入選者，與華為有關聯，並與江綿恆籌建、親自任校長
的上海科技大學關係匪淺。

張首晟與華為關係密切

　　12 月 6 日，孟晚舟在加拿大被捕和張首晟墜樓的消息同時曝
光，而且兩件事都發生在 12 月 1 日，即美中首腦會晤的當日。

BBC 報導指，有網上消息說，孟晚舟在加拿大轉機的這趟旅行，是應邀出席 12 月 1 日晚舉辦的一場晚宴。消息還說，張首晟本也受邀參加此次宴會，並且可能與孟晚舟會面。

網路上有網民挖出張首晟與華為關係密切的內幕消息。公開報導顯示，2017 年 4 月 1 日，正在深圳參加 IT 領袖峰會的張首晟，在峰會期間被華為終端公司董事長余承東專程接走。

當時媒體報導認為，張首晟作為新一代晶片重要人物，余承東「親自」迎接應是談合作事宜。在報導中，張首晟也表示，有信心推動與晶片有關的摩爾定理的繼續前進，畢竟這跟個人研究有關。

2018 年 1 月，張首晟接受中國大陸網易科技專訪時稱，他們團隊發現的「天使粒子」（手性馬約拉納費米子）將實現「從 0 到 1 的突破」，對量子計算帶來「革命性的影響」。

引人注目的是，華為 2018 年確實在量子計算方面有所動作。2018 年 10 月，華為首次發布了量子計算模擬器 HiQ 雲服務平台。

自媒體「信傳媒」報導質疑，難道張首晟的死亡跟華為有關？華為是否為張首晟成立之丹華資本的金主？在美國《301 調查報告》11 月 20 日點名丹華資本「涉嫌幫助中國獲取美國技術」後沒多久，張首晟就墜樓，有無可能是因為他知道太多丹華背後共謀網絡訊息和其他華為發展晶片技術等祕密，因而招來災禍？

張首晟與上海科大合作 任特聘教授

張首晟有關「天使粒子」的科研成果，首次發表在 2017 年 7 月 21 日的學術期刊《科學》（Science）上。這一成果由美國加

利福尼亞大學洛杉磯分校（UCLA）王康隆課題組主導，斯坦福大學張首晟課題組及上海科技大學寇煦豐課題組等八家單位合作完成。

資料顯示，寇煦豐2009年畢業於浙江大學，2009年至2015年赴美國加州大學洛杉磯分校電子工程系，導師正是華裔科學家王康隆。2015年寇煦豐於UCLA獲得博士學位，2016年2月回國到上海科技大學。

該消息顯示，張首晟同上海科技大學早有合作關係。

2018年1月23日，中共官媒中國新聞網曾發表文章，專訪上海僑辦主任徐力談其「統戰成果」。

徐力談到上海僑辦過去幾年的「成果」，稱上海入選國家和上海「千人計劃」有1600多位專家，95％以上具有華僑華人身份。而讓徐力印象深刻的，是「天使粒子」發現者、斯坦福大學教授張首晟。

徐力在採訪中透露，在邀請張首晟教授來滬演講後，在上海市僑辦的穿針引線下，張首晟現已落戶上海科技大學，建立前沿科學技術研究院。

公開資料顯示，張首晟2018年5月1日開始被該校的物質科學與技術學院聘為特聘教授，並有自己在該大學的電郵信箱zhangshch@shanghaitech.edu.cn。

張首晟的主要研究方向是：「理論凝聚態物理學、拓撲量子材料（量子自旋霍爾效應、拓撲絕緣體、拓撲超導體、量子反常霍爾效應等）、量子自旋電子學、非常規超導體（銅基、鐵基超導體）、超流動性等。」

上海科大搜羅「千人計劃」學者

上海科技大學是一所由上海市政府與中國科學院共同建設，2013年9月30日經教育部批准同意正式建立。截至2018年9月，上海科技大學已選聘了485位教授，其中特聘教授293位，常任教授到位173位，但學校在籍學生只有3221人。

據中共官方報導，截至2018年5月，上海科技大學共選聘469位教授（特聘教授293位，常任教授到位176位）。其中包括諾貝爾獎獲得者4位、美國國家科學院院士10位、美國人文和科學院院士5位、英國皇家學會院士3位、中國科學院院士34位、中國工程院院士3位、「中央千人計劃」學者25位、「外專千人計劃」學者3位、「上海千人計劃」學者20位、「青年千人計劃」學者41位、「傑出青年」94位。

美國情報部門認為，中共的「千人計劃」與間諜活動有關。一份非機密FBI備忘錄中說，中共的「千人計劃」，通過經濟間諜活動和盜竊知識產權，對美國企業和大學構成嚴重威脅。美國官方和情報機構還相信，「千人計劃」與中共軍方聯繫密切。

進入2018年，隨美中貿易戰持續升級，中美博弈延伸到政治、經濟、軍事、意識形態等各個領域。美國安全機構FBI開始嚴查參加中共「千人計劃」的華裔科學家。

江綿恆籌建掌控上海科大

上海科技大學現任校長，是中共前黨魁江澤民長子江綿恆。2013年9月，上科大尚在籌備中，就招收第一批研究生入學。當

時出席的主講人是「上海科技大學籌建工作小組組長、中科院上海分院院長」江綿恆。2014 年 2 月，江綿恆首次以「上海科技大學校長」身份在官方媒體中出現。2015 年 1 月，江綿恆卸下最後一個官職中科院上海分院院長。但通過上科大校長的身份，仍能直間或間接取得上海中科院、中科院的資源。

江澤民長子江綿恆，被認為是中共第一巨貪，其染指範圍涉及電信、網路、航空航太等眾多領域。上海電信、上海移動、上海聯通三家電信運營商都是江綿恆的利益地盤。

近年來轟動國際的中國多起重大貪污案，如「周正毅案」、「劉金寶案」、「黃菊前祕書王維工案」等皆涉及天文數字的貪污受賄、侵吞公款，都與江綿恆有關。1.2 萬億的「上海招沽案」也直指江綿恆。

張首晟與江綿恆主管的上海科技大學關聯密切，為其墜亡內幕更添疑雲。

華為具江派背景江綿恆垂簾聽政

海外中文媒體 2018 年 12 月 9 日披露，孟晚舟被捕事發之後，其父任正非急得如「熱鍋上的螞蟻」，並在第一時間緊急北上，向中南海求救。

香港特區政府知情者表示：「華為是一家什麼樣的公司，而任正非是一個什麼樣的身份，一直飽受海內外質疑；其軍方背景當然是一個不爭的事實，但是孟晚舟竟然持有多本特區護照，確實令人匪夷所思。」

華為公司 1987 年在深圳成立，2012 年開始成為全球最大的

電訊設備製造商。而這期間正是江澤民執政，以及江派架空胡錦濤的時間，華為趁機坐大。

華為創辦人、孟晚舟的父親任正非曾任中共軍方團職軍官，華為前董事長孫亞芳 1992 年加入華為前曾長期在中共國家安全部任職，外界因此懷疑華為有軍方、國安背景。而當時的中共軍方、國安相繼由江澤民及其軍師曾慶紅的勢力掌控。

有消息指，任正非跟江澤民的關係非常密切。據華為人講，江澤民只要去深圳，一定去華為。江澤民之子江綿恆與任正非的關係也非同一般，並「垂簾聽政」常常為其「下指導棋」。而華為的「低調」卻迅猛發展，更隱藏中共不可告人的戰略目的。

江綿恆建金盾工程監控封鎖網路

2014 年底，海外華文媒體披露，由周永康主導的中共公安部 10 年前實施絕密「大情報」工程，可監控 13 億國民。

中共公安部「大情報系統」源於 1998 年啟動的「金盾工程」。「金盾工程」就是中共「全國公安工作信息化工程」，是中共祕密建立的一個龐大的網路監控項目。該工程包括一個綜合的、多層的、網路各個環節的封鎖和監視系統，涉及技術（電信與網路服務提供商）、行政、公安、國安、宣傳等很多部門的系統工程，關鍵是一個網路封鎖與監視系統，可以用來看、聽及「思維」。

江綿恆曾聲稱「中國必須建立一個全國性的網路，獨立於國際互聯網之外」。據報導，江綿恆乃是最早提出這個數碼監控系統之人，並在其父江澤民的讚賞和支持下成為當局的「國策」。

據官媒報導，2003 年 9 月啟動「金盾工程」以來，中共公

安部門已經把中國大陸 96％的人口信息輸入到其資料庫中。三年後，一期工程已經完成了全國公安一、二、三級主幹網和接入網。這個網絡已經覆蓋了各級公安機關。2006 年，中共公安部對「金盾工程」驗收，繼而轉為規模更大的「大情報」工程。

中共江澤民集團 1999 年 7 月 20 日開始公開鎮壓法輪功，叫囂三個月「消滅」法輪功。據《真實的江澤民》一書披露，鎮壓法輪功不成功令江澤民惱羞成怒。在迫害開始後，江澤民的兒子江綿恆封鎖互聯網不斷加大力度。他所主持的「金盾工程」前期投資就 8 億美元，為的就是不讓大陸網民得到任何有關民主、人權、自由，特別是法輪功的海外信息。

華為深度參與金盾與天網工程

據中共官方報導，2002 年 9 月 3 日，「金盾工程」辦公室主任李潤森等參觀華為的研究所，對華為參與「金盾工程」建設的實踐和相關領域的探索十分認可。

「金盾工程」建設期間，華為產品在全國各地的「金盾工程」項目中取得了很多實際應用。例如 2000 年 12 月，中共「金盾工程」的重點項目、公安部「政府上網」工程，核心設備就採用了華為的 A8010 Refiner 接入服務器。

中共剛搞完「金盾工程」，旋即推出「天網工程」和「平安城市」。所謂「平安城市」，是由中共公安部牽頭建立的特大型綜合信息化管理系統，主要組成部分是視頻監控系統，也被稱為「天網工程」。不過，其目的並非中共宣稱的改善社會治安，而是「維穩」，即對中國民眾進行監控和打壓。

2017 年 9 月，中共央視《輝煌中國》節目自曝，中國已經建成世界上最大的視頻監控網——「中國天網」，攝像頭超過 2000 萬個，並利用人工智慧和大數據進行監控。

華為 2014 年專門發布了《中國平安城市發展白皮書》，其中就提到「平安城市」前身是 1998 年中共發起的「金盾工程」。

2014 年的華為《白皮書》稱，華為具有網路設備國內第一的競爭優勢，致力於從網路設備提供商「向平安城市綜合解決方案提供商轉型」，表明了華為在中共「平安城市」計劃中的定位。

隨著華為技術升級，轉向物聯網、5G、雲計算等前沿領域，華為的「平安城市」產品也在同步更新，轉向視頻雲、融合指揮中心等更為先進的監控方案。

中共同時在鄉鎮、農村推廣所謂的「雪亮工程」。「雪亮工程」是天網工程的延展，同樣被中共冠以「平安鄉村」的名義，在農村搞實時視頻監控。

「雪亮工程」2016 年在山東與四川部分城市開始試點。2016 年華為視頻監控系統中標四川「雪亮工程」項目，在遂寧、內江、廣元、眉山等 10 個地市展開了雪亮工程項目建設。

華為與中共公安部密切勾連

華為 CFO 孟晚舟被捕後，華為官方公布的一些資料在社交媒體上熱傳。其中一份是華為的客戶名單，一半是中共公安系統。

2018 年 3 月 22 日，華為在青島舉辦中國生態夥伴大會 2018 公共安全峰會。華為多位高管在大會上先後介紹了華為警務雲大數據解決方案、蘇州公安與華為共同打造「警務大腦」的實踐、

華為與深圳交警的聯合創新等業績。華為多個合作夥伴分享了與華為合作支撐公安實踐的經驗。

根據華為網站信息，華為的產品和解決方案已應用於全國 31 個省和 300 多個地市的公檢法系統。

2018 年，網路傳出一份華為公司 2015 年的內部保密資料，叫做「VCM 操作指南」。該資料在華為官網上只對華為 VCM 用戶提供下載（華為 VCM 系統唯一的用戶則是中共公安部門），用來培訓中共網警。

據悉，華為的 VCM 就是對監控視頻內容進行實時分析處理並報警，是中共公安的「金盾工程」和大數據的一部分，屬於高端人工智慧圖像識別應用。中共網警使用這種監控系統可以嚴密監控中國老百姓，大大提高監控效率。

只要讀過這份資料的人，絲毫不會懷疑華為在中共「維穩」工程裡扮演的角色。

網路文章表示，從華為與中共警方的合作可以判斷，華為並非是一家單純的通訊公司，而是被中共完全控制的、可以在中共的要求下研發任何技術的技術支持公司，它當然也會為中共軍方開發類似的技術。

社交媒體推特上有網民總結了華為的「四大惡行」，列舉了華為利用高科技為「邪惡中共」幹了四件事：一、建防火牆，讓國人不能瀏覽中國以外的網站，使互聯網成為局域網；二、建立金盾工程，人臉識別系統為了維穩服務，監控人民；三、華為手機自帶屏蔽系統，外網登不上，個人信息傳輸給網監中心；四、欲控制世界 5G 網路。

第二節

誰害死了一代英才張首晟

2013 年張首晟和中共管控的中關村集團合作，成立丹華資本，投資人工智慧、區塊鏈等，而這些領域是「中國製造 2025」所關注的。（大紀元資料室）

　　當代著名物理學家、斯坦福大學教授、中共「千人計劃」學者張首晟，於 2018 年 12 月 1 日墜樓離世。

　　張首晟想做個像富蘭克林那樣在商界、科研都吃得開的人，遂與中共合作，2013 年創辦丹華資本，配合中共的「雙創」計劃，把科學前沿和投資聯繫起來，搭建美中的橋梁。

　　張首晟的死因成謎，但諸多的教訓已告訴世人，誰與中共同行，下場都是可悲的。

　　「一沙一世界，一花一天堂，雙手握無限，剎那是永恆。」

　　當代全球最著名的物理學家、斯坦福大學終生教授張首晟，於 2018 年 12 月 1 日突然墜樓離世，人們對他的記憶永遠停在他 55 歲英俊的笑容上，而他最喜歡的這首詩，也反襯出他跳樓的一剎那成為了永劫。

家屬：因抑鬱症意外去世

張首晟去世的消息是四天後的 12 月 5 日，由他的同事、斯坦福大學物理系教授 Steven Kivelson 在一封寫給全體師生員工的電子郵件中透露出來。

Kivelson 教授在信中說：「首晟的離開是一個令人震驚的損失。長期以來，首晟都是理論物理學領域的思想領袖，他因其非凡的創造能力，對精確、優雅數學能夠闡明物理學內部與外部複雜的現實世界的問題的信念，以及對許多優秀的學生和博士後的關照而廣受愛戴。他對這一領域的許多開創性貢獻無疑將成為紀念他的豐碑。」

在郵件的末尾，Kivelson 教授還附上了張首晟夫人 Barbara 及女兒、兒子、兒媳的訃告：

「我們非常悲痛地通知你們，在與抑鬱症鬥爭後，我們深愛的首晟於 12 月 1 日（上周六）意外離世。

雖然許多人知道首晟是一位著名的科學家和思想家，但我們了解並愛他，因為他是我們親愛的丈夫和父親。

首晟最珍視和家人在一起的美好時光，他會盡一切可能與我們在一起。在我們全家一起度假的時候，他喜歡帶我們去地球上最美麗的自然景觀，和我們分享參觀的每個地區的古代歷史故事，並鼓勵我們的最新想法和興趣。

受他希望通過科學研究來見證上帝榮耀的激勵，首晟給全世界帶來了一種富有感染力的好奇心。由威廉·布萊克撰寫的下面詩篇是他的最愛，詮釋出他一生探索和發現美的使命：一沙一世界，一花一天堂，雙手握無限，剎那是永恆。」

少年天才 諾貝爾獎呼聲頗高

張首晟 1963 年出生在上海，1976 年父親給 13 歲的張首晟買了一套高中自學教科書，數學物理化學等一應俱全，自學兩年後，張首晟考上了復旦大學。

那是 1978 年的高考，上海允許初中畢業生間接參與高考，但每個區僅限 10 個名額。就這樣，15 歲的張首晟，與很多 30 多歲的老三屆一起讀大學，他毫不猶豫地選擇了物理系，因為，「初中時，在很封鎖的狀況下，我們都曉得楊振寧、李政道取得諾貝爾獎，為中華民族爭了一口氣。大學時選擇實際物理專業，就是衝著他們的典範力氣。」那時的張首晟還不知道自己今後還會與楊振寧有師生之緣。

據張首晟自己總結：「天賦？但激情更重要！」他將自己早期學業歸功於知識分子家庭的薰陶。張首晟的祖父是 1908 年復旦大學的第一屆畢業生，而他的父親則主修輪船製造專業，畢業於交通大學。他說：「那時候我有大量的時間閱讀、玩耍、思考、探索。當時學校裡面並沒有教什麼東西，但是我總是不斷自學。這個習慣我到現在還在堅持。」

在復旦的第一學期剛完畢，一日，張首晟正在宿舍裡自習，班主任忽然上門，告知他將被選派前往德國柏林大學進修。張首晟成績優異，已被學校列入留德學生的內定人選。經過德語培訓之後，1980 年沒有高中文憑，也還沒有大學文憑的張首晟，就這樣踏上了留學德國的旅程。

1983 年張首晟獲得柏林自由大學的學士學位，1987 年在美國獲得了紐約州立大學石溪分校博士學位。

在石溪分校，張首晟的導師和榜樣是楊振寧。「他告訴我，科學和其他任何事物一樣，依靠最簡單的表述達到至美的境界。」張首晟說：「詩歌中我們用最簡單的語句表達最複雜的思想情感；而在理論物理學，我們用最簡潔的公式描述這個世界，從微小的原子到浩瀚的宇宙。在這個意義上，科學與藝術有共同的審美訴求。這是楊振寧先生教給我的東西。」

碩果累累 拓撲絕緣體、天使粒子

張首晟是斯坦福大學終身教授、美國國家科學院院士、中國科學院外籍院士。因為對拓撲絕緣體和量子自旋霍爾效應的開創性研究，他幾乎囊括了物理學界所有重量級獎項。

2006 年張首晟領導的研究團隊提出的量子自旋霍爾效應，被《科學》（Science）雜誌評為 2007 年「全球十大重要科學突破」之一。張首晟所獲物理界重量級獎項包括歐洲物理獎、美國物理學會巴克萊獎、國際理論物理學中心狄拉克獎、尤里基礎物理學獎等。

2013 年 3 月 15 日，《科學》在線發文，宣布中國科學院薛其坤院士領銜的團隊在實驗上首次發現量子反常霍爾效應。這個團隊包括：清華大學物理系薛其坤、王亞愚、陳曦、賈金鋒，中科院物理所何珂、馬旭村、王立莉、呂力、方忠、戴希以及斯坦福大學／清華大學的張首晟等一起共同攻關完成的。

2015 年，張首晟因其在拓撲絕緣體的開創性貢獻，在費城與另外兩位同事領取了聲譽卓越的富蘭克林獎章。這是美國歷史最為悠久的科學大獎，張首晟也因此躋身於愛迪生、居里夫人、特

斯拉、愛因斯坦和比爾‧蓋茨的行列。

「富蘭克林是我兒時的英雄。我們都聽過這個故事，他冒著生命危險，飛著風箏研究雷電。」張首晟說：「而我，只是用我的紙和筆做研究。」然而，張首晟用紙和筆理論預測了一類全新的物質形態，拓撲絕緣體，在 HgTe 的存在，並很快為實驗所驗證。

拓撲絕緣體是一類奇妙的材料，塊體是絕緣的，表面卻是導電的。它的發現被《科學》雜誌列為重大科學進展。富蘭克林研究所在頒獎辭中稱，拓撲絕緣體本身美妙絕倫，而它的應用則可能比三級管的發明意義更加深遠，將給電子學、半導體、計算機科學、和信息技術帶來革命性的變化。

張首晟預測的 Stanene 會是下一個超級材料新星。Stanene 是拉丁名字錫（stannum）和石墨烯（graphene）的後綴結合，由單層的錫原子組成，結構與石墨烯類似。如果在晶格中摻入氟原子，其工作溫度可高達 100 度以上。因此未來將會廣泛應用，包括提升電腦晶片速度，並降低其能耗。張首晟認為，拓撲絕緣體的應用可使移動電話上安裝等同於整個谷歌服務器的功率。這樣用戶就不用每天充電了。這將是信息技術領域的一場革命。

美國流行電視節目「生活大爆炸」圍繞拓撲絕緣體做了一期節目，張首晟一夜之間家喻戶曉，超過 4000 萬的觀眾知道了他的理論。「我從來沒有想過，一個科學的發現能夠引起這麼多人的關注。」張首晟說。

2017 年 7 月 21 日，張首晟及他的斯坦福大學團隊在《科學》公布發現馬約拉納準粒子確鑿存在的證據，他們把該粒子稱為「天使粒子」。

當時媒體報導說，物理學又獲歷史性突破：由四位華人科學家領銜的科研團隊終於找到了正反同體的「天使粒子」──馬約拉那費米子（Majorana fermion），從而結束了國際物理學界對這一神祕粒子長達 80 年的漫長追尋。

有意思的是，這四位美國華人科學家來自三個研究團隊：斯坦福大學教授張首晟的理論團隊，加利福尼亞大學洛杉磯分校何慶林、王康隆實驗團隊和加利福尼亞大學歐文分校的夏晶實驗團隊。

國際同行指出：發現馬約拉那費米子是繼發現「上帝」粒子（希格斯波色子）、中微子、引力子之後的又一里程碑發現。以上物質和磁單極、暗物質等一起被視為人類最為夢寐以求的神祕粒子。這次發現不僅具有重大的理論意義，而且具有重要的潛在應用價值：讓量子計算成為現實。

這個發現震驚了全球。湯森路透早在 2014 年就預測張首晟是諾貝爾物理學獎的有力人選，楊振寧也曾表示張首晟獲得諾貝爾獎只是個時間問題。

張首晟在斯坦福大學的中國同事珍藏著一瓶半世紀的茅台酒，隨時準備慶祝他可能得諾貝爾獎。因為在拓撲絕緣體、量子自旋霍爾效應、自旋電子學及高溫超導領域的卓越貢獻，張首晟獲得了一系列的重要科學獎項。

如 2009 年亞歷山大‧馮‧洪堡研究獎、2010 年古登堡研究獎、歐洲物理獎、2012 年奧利弗‧巴克利獎、狄拉克獎章、2013年物理前沿獎，以及 2015 年富蘭克林獎章。他也在 2015 年當選為美國科學院院士。

可是當提到可能獲得的諾貝爾獎時，張首晟卻寧願談論其研

究經歷，他說：「生命最美好的不是目標，而是經歷。看到完美孕育的思想在大自然中得到證實，對於我這樣的科學家來說，是最好不過的回報。」

幸福的家庭藝術人生

張首晟不幸去世後，他的妻子余曉帆貼出丈夫於 2017 年 2 月 14 日「情人節」給她的賀卡。張首晟、余曉帆 5 歲時第一次見面，14 年後開始戀愛，24 歲結婚，正如賀卡所描繪，青梅竹馬。

這是張首晟寫給妻子的詩：「青梅竹馬細語長，兩小無猜雀羽賞，網場健步容姿灑，雲遊麗哇鏡花雙。晨光千里映曉波，孤帆欲窮依山亭，今生有此雀羽緣，何問明月幾時有。」詩歌意境美麗，字體也很俊秀。

余曉帆是位數學家，後任 IBM 公司軟件工程師。夫妻二人在幼兒園就相識，婚後感情很好，在家裡他們一直說上海話。兩人育有一兒一女。

兒子 Brain 在高中獲得了國際物理學金牌，後來考上哈佛大學，主修物理學，輔修計算機。後來兒子結婚，兒媳叫 Ruth。女兒 Stephanie 在加利福尼亞 Palo Alto 的 Gunn 讀高中時，就希望利用網路視頻教育幫助世界底層的孩子們。2017 年 Stephanie 在青海一個教育嚴重匱乏的偏遠地區，對當地孩子展開一個社會學研究。

張首晟認為，教育者或者父母影響下一代的最重要的事情，就是給孩子們留有空間，讓他們自己去尋找興趣和熱情：「我們應該給年輕的學生留有足夠的空間，讓他們去尋找自己真正的興

趣和熱情所在，指導他們自我探索。歸根到底，只有熱情和自我激勵才是最持久的。」

張首晟的興趣愛好廣泛，遠超出科學之外，含括哲學、詩歌、戲曲和歷史。每次會議旅行，他都會詳細了解當地城市歷史文化資料。此外，他還是一個非常成功的風險投資家，運用第一性原理計算做風投，創立了丹華資本，規模將近 1 億美金。

學富蘭克林 創立丹華基金

張首晟曾說自己的偶像是愛因斯坦，但他也想成為達·芬奇、富蘭克林這樣的人。「我覺得在達·芬奇和富蘭克林身上，我看到了科學家的不同方向。他們既有偉大的科學研究，又在藝術、商業甚至政治上有自己的成就。」

於是，2013 年 9 月，張首晟與他的學生谷安佳一起，創立了丹華資本（Danhua Capital），後來改為 Digital Horizon Capital，他擔任基金主席。

據張首晟介紹，「丹」取之於斯坦福（Stanford 在台灣香港等地翻譯為史丹福），「華」取之於中華，意在成為中國連接世界創新創業的發源地——斯坦福大學和矽谷的高速橋梁。以斯坦福和矽谷為核心，丹華資本專注於投資美國最具顛覆性和影響力的科技成果和商業創新。

那是 2013 年，中關村發展集團前來斯坦福大學參觀，張首晟作為校方代表與其進行了深入的交流，並且很快達成合作意向，決定成立丹華資本。這是一家風險投資基金，基金管理人為丹晟創業投資管理（北京）有限公司，法人代表為他曾經的學生

兼得力助手谷安佳。

　　值得注意的是，中關村發展集團其實是中共直接管控的國營企業。張首晟拿中關村發展集團的錢，實際就是拿中共的錢來做生意。當然，雙方都有各自的算盤：中共想藉此獲得美國最先進的原創科技，丹華可由此獲得豐厚的利潤。

　　丹華資本專注於投資最具顛覆性和影響力的科技成果和商業創新，關注的投資領域涵蓋人工智慧、虛擬／增強現實、大數據、區塊鏈、企業級應用等具有顛覆性的新興技術，而這些領域也是「中國製造 2025」所關注的。

　　與張首晟類似，谷安佳在進入風險投資領域以前，是美國矽谷高科技公司 InvenSense 早期創業團隊成員之一，經歷了這家MEMS 傳感器公司的早期、成長及在美國紐約證券交易所上市的整個過程。他曾發表 24 篇專業論文，擁有八項發明專利。

　　兩人 2013 年創辦丹華資本，五年內已經發展為兩支美元和一支人民幣基金，管理規模 5.5 億美元以上，成為美國矽谷地區最大和最有影響力的華人風險投資基金之一。

家國情懷誤入中共的千人計劃

　　也許是想做個富蘭克林那樣在商界、在官場、在科研方方面面都吃得開的人，張首晟很快被中共盯上，順水推舟地開始了與中共的合作。

　　2009 年，張首晟入選中共的「千人計劃」，被清華大學特聘為教授，年薪 100 萬人民幣。從那個時候開始，他就在美中兩邊同時發展。

　　張首晟雖然在國際上獲得了諸多科技獎項，但他認為自己最大的榮譽來自中國。他說：「2009 年，國慶 60 周年的慶典上，我受邀請到天安門廣場觀禮。那一刻，我特別激動，作為一個中國人我感到無比自豪，我也驕傲讓祖國母親因我而自豪。」

　　這也是很多華裔科學家犯錯誤的地方，他們從小被中共灌輸「祖國啊媽媽，黨啊親愛的母親」這些觀念，分不清中華民族的祖國與中共統治下的中國早已不是一回事，兩者完全相反，中共是摧殘破壞中華母親的凶手，中共是危害中國的罪魁禍首。

　　不過，張首晟也將自己的學術成就歸功於斯坦福大學，他認為那是他幸福的源頭。「每天早晨來上班，我簡直不敢相信世界上有這樣美好的工作。加利福尼亞陽光燦爛，環境優美，我所教的學生可以說是世界上最聰慧的，我也有完全的自由去做我的研究。」張首晟說：「生活再美好不過了。」

　　2013 年，張首晟被中國科學院選為了外籍院士，同一年，他和谷安佳共同創立了丹華資本。他們自稱創立這家公司，是專注於投資美國具有影響力的科技成果和商業創新，包括區塊鏈、企業級應用與金融科技等領域。

　　不過《香港經濟日報》指出，丹華資本更多的是幫了中共，丹華為斯坦福、矽谷和中國（中共）的緊密聯繫搭起了橋梁。而張首晟本人在 2018 年早些時候對大陸媒體也直接表示，成立丹華資本是為了配合中共的「雙創」計劃，「要把前沿的研究方向帶回中國」。

　　2017 年，張首晟與人合作證實了「天使粒子」的存在，同一年，又獲得了中共國家科學技術獎勵。在中共的七名常委中，至少習近平、李克強和王滬寧等人到現場為他「捧場」，足見張首

晟在中共眼中的地位。

2018 年 1 月 8 日，張首晟獲得 2017 年度中國國際科學技術合作獎。他笑稱，自己現在 54 歲，感覺人生才剛剛開始，他要把自己一生的精力都貢獻給中國的科技發展。「2009 年為了響應『千人計劃』我回到了中國，把前沿的研究方向帶到中國，並早日把前沿科技的創新轉化為造福人類的產品。丹華目前很多投資都投在了前沿科技。」

家人：死因與《301 調查報告》無關

路透社曾報導，丹華資本受到北京市政府資助的國有企業中關村發展集團支持，在一些最敏感的技術領域持有美國公司股份。其投資包括數據管理和安全公司 Cohesity，該公司的客戶包括美國能源部和美國空軍。無人機初創公司 Flirtey 於 5 月被美國交通部門選中，幫助交通部將無人機安全地集成到美國空域，Flirtey 也是丹華資本的投資對象。

也正因為如此，2018 年 11 月美國貿易代表辦公室（USTR）更新版的《301 調查報告》中，丹華資本被列為「利用風險投資幫助中共政府獲得美國的尖端技術和相關知識產權」的企業之一，並點了 Shoucheng Zhang 的名字。作為美國公民，張首晟此舉危害了美國的國家安全。

因此有消息說，在張首晟自殺的前一天，有 FBI 的人找他談話。不過，張首晟的家庭代言人 Sean McCormack 表示，張首晟的離世與 301 調查無關，希望外界不要將這一悲劇與兩國關係聯繫上。另外，301 不只是針對中國，在其觀察名單上還有很多其

他國家，提及的公司或個人也不少。

由於洩密和危及國家安全，美國 FBI 早已把中共的「千人計劃」學者定為調查目標。美國參議院 2018 年 2 月的一個聽證會上，FBI 局長克里斯多夫‧雷（Christopher Wray）警告議員說，中共破壞美國經濟和安全的努力包括通過「使用非傳統的採集者，特別是學術領域的。」

8 月，FBI 官員與德州上百名學術、醫療機構的高管會面，提醒他們警惕知識產權被盜竊的問題；9 月，九名華裔科學家被革職或受其他處分，包括參與中共「千人計劃」的學者。有美國媒體報導，FBI 將調查所有涉及「千人計劃」的華裔學者，「一個不漏」。

張首晟的「意外離世」，人們在驚愕之餘，也紛紛揣測是否與中共的「千人計劃」有關。無論如何，華人中又少了一位很有才華的科學家。這提醒人們，一定要遠離中共。誰跟中共攪在一起，都不會有好下場，這已經被無數的事實證明了。

《新紀元》周刊早在 2011 年就發表了《為什麼幫中共站台的名人連遭厄運？》因為中共是共產邪靈，帶有很強的負面能量，誰沾上就要遭殃、倒楣。

間歇性抑鬱？張死因成謎

對於張首晟之死，最早據斯坦福校友的消息說，張首晟是從九樓還是十九樓跳下來的，反正是人已經死了，警方也確認是自殺。張的家人也聲明張首晟是因抑鬱症意外去世，希望大家尊重其隱私。

很多評論認為，無論是從張首晟燦爛無比的學術生涯，還是風生水起的公司經營，都無法讓人看出他抑鬱在哪裡。亦有一些曾在近兩年見過張首晟的網友表示，張首晟看上去比較年輕，而且很陽光。

還有一位抑鬱症康復患者留言稱，90％以上的抑鬱症都不會在一個月內快速自殺，病情有一個自然發展的過程。通常情況下三到五個月是自殺的密集時間，再過一段時間自殺率通常會急速下降。

面對外界的種種質疑，張首晟家庭派出了家庭發言人 Sean McCormack 來面對公眾。

據 McCormack 證實，張教授在舊金山離世。至於他為何要去舊金山，他的具體死因，其家庭發言人和警方均尊重逝者及家庭成員意願，選擇不予公開。McCormack 還表示：「他的家人現在才明白張教授間歇性與抑鬱症鬥爭，這是他家人當時並不完全了解的情況。遺憾的是，我們知道即使是那些最親近的人也常常不知道親人的掙扎。」

關於張教授從什麼時候開始抑鬱以及是否曾經服用過藥物或採用過其他方式治療／對抗抑鬱症，家庭發言人表示，無從告知。

在美國的「基督徒陸東」表示質疑，張首晟的妻子余曉帆為什麼不出來講話，派個「家庭發言人」出來洗地，誰信呢？

於是張首晟死亡原因成了一個謎。

張首晟與華為及荷蘭晶片機大火

就在張首晟自殺的這一天，2018 年 12 月 1 日還發生了兩件

事，三者之間有關係嗎？

一是華為 CEO 任正非的女兒、華為的「未來之星」孟晚舟，12 月 1 日在溫哥華轉機時被加拿大警方抓捕，要引渡到美國受審。被認為是 5G 科技「中國隊」主力的華為，遭此重擊，未來充滿變數。

而張首晟 2007 年發現「量子自旋霍爾效應」，被《科學》雜誌評為當年的「全球十大重要科學突破」之一，被認為將帶來晶片革命。

2013 年張首晟創立風險投資公司丹華資本，丹華資本在北京也設有分公司。因此，中國多家企業都與張首晟有過接觸，包括華為公司。

有消息說，華為想與張首晟合作，開發新一代晶片。據說 2017 年 4 月 1 日，正在深圳參加 IT 領袖峰會的張首晟，在峰會期間被華為終端公司董事長余承東專程接走。

12 月 1 日晶片業還發生另一起異常事件。荷蘭光刻機霸主阿斯麥（ASML）公司的元件供應商 Prodrive 工廠突發大火，大火摧毀了工廠的部分庫存、生產線。ASML 是目前全球最先進極紫外光刻機（EUV）的唯一供應商。

2018 年 5 月有媒體爆料說，中芯國際耗資 1.2 億美元向 ASML 訂購了一台 EUV 光刻機，預計將在 2019 年年初交貨。據《日經亞洲評論》報導，外界推算中國廠商所訂購的價值 1.2 億美元的 EUV 光刻機在火災裡化為灰燼。

但由於這台光刻機主要用於技術研發，對有關廠商的生產業務影響不大，而且這個損失是元件供應商 Prodrive 的。

製造高級晶片的光刻機，目前全球只有美國、日本與荷蘭等

少數國家有能力製造。其中被視為龍頭老大的荷蘭的 ASML，視中國為主要市場，2018 年首季約有二成光刻機是出口到中國。

2018 年夏季一度傳出，ASML 在美國的壓力下，不再招聘中國籍員工，以防止中國掌握高端晶片科技，但其後 ASML 否認。

孟晚舟的被抓危及 5G 的開發，張首晟的死亡也影響華為晶片的研發，而荷蘭 ASML 供應商的起火也滯後了中共晶片的研製，因此有人推出了「美國陰謀論」的說法，說這三件事都是美國特意安排的，目的是阻止中國晶片的獨立生產。

說孟晚舟被抓，是美國主導的，這沒錯。但反過來說，假如你孟晚舟沒有做違背美國法規的事，美國能抓你嗎？而且孟晚舟還是故意違規的。

就張首晟而言，在利用風險資本投資美國高科技這一點上，與華為很類似，他們都是中共的白手套，都是在幫助中共做事。

孟晚舟和張首晟走到今天，如果說前者作為中共利益集團的一員，是心甘情願為中共效力，那麼後者則是過於天真，完全混淆了中共和中國的區別，被誘騙踏上了中共的賊船。但不管是主動效力還是被誘騙，歷史的諸多教訓已經在告訴世人，誰與中共同行，下場都是可悲的。

從數學的合法性上推崇區塊鏈

上面分析的原因都無力解釋張首晟這麼成功的一個人會突然跳樓自殺。即使是憂鬱症，那是什麼原因導致他憂鬱的呢？大陸網站上不少人給出了答案。

張首晟一度被譽為區塊鏈的布道者，電子貨幣的自願廣告推

銷員。他對區塊鏈的技術前景十分看好，也樂於向他人普及比特幣。他強調區塊鏈的應用方向不僅有穩定貨幣，還包括區塊鏈拓展、綠色環保區塊鏈、網路基礎設施區塊鏈化、區塊鏈和人工智慧的共生、區塊鏈身份和信用管理、基因組學和生物醫療的數據市場等。

在 2018 年初的一次演講中，張首晟提到，「差不多在四年前，區塊鏈出現的時候，我就對這個領域非常關注。」他表示，區塊鏈技術可以把經濟行為加上隨機的數學演算法使得網路達到共識……這就更能導致一個新的互聯網革命，一個合久必分的時代就會到來。

於他而言，區塊鏈不是炒幣或投機，而是美妙的數學原理。他並不在意區塊鏈引發的爭議，他只是追求數學上的合法性。區塊鏈世界最底層的構架是數學，公鑰和私鑰的組合，就建立在數論之上。將區塊鏈作為信任機制，在他看來是最自然的做法。這令他成為為數不多推崇區塊鏈技術的科學家。

區塊鏈的布道者無法承受失敗

2018 年以來，張首晟先後獲美圖、聯想集團委任為獨立非執行董事。

丹華資本官網的投資項目顯示，其共投出消費 & 金融科技項目 18 個；區塊鏈項目 42 個；大數據項目 24 個；生命科學項目 16 個。投中網數據顯示，丹華資本在區塊鏈技術、區塊鏈應用和數字貨幣領域共計投資事件金額達到約 1.88 億元。

而區塊鏈導航網站 Block123 顯示，目前丹華資本投資的區塊

鏈項目為 57 個，其中近半數為 ICO 項目。

2018 年 9 月《節點財經》發布的一份報導中，綜合丹華資本官網、投資界、IT 桔子、天眼查、企查查、MyToken、CoinMarketCap、IcoDrops、非小號等管道收集的信息顯示，丹華資本投資的公開披露的、數據可查詢的區塊鏈項目為 65 個，其中區塊鏈基礎設施類項目包括公鏈、擴容方案、去中心化協議、加密與安全技術四個類別總占比為 55.4%，超過投資總數的一半。

也就是說，不知不覺中，張首晟把人們投資給他用來搞高科技的錢，用在了炒作數字貨幣上了。

有知情人帖子爆料說，張首晟的丹華基金大概募集了 4 億美金，他花了 3 億，其中近 2 億多投在了區塊鏈上。2018 年這行情基本泡湯，投資人是看他的光環來投的，他怎麼受得了這個壓力。

另外，張首晟與美圖的 CEO 蔡文勝關係很好，兩人在美國發行了一個區域塊叫美鏈，上市時 0.39 美金，當年暴漲 40 倍，最高達到 80 美金，最後跌到 0.18 美金，但這也能讓張首晟他們賺十幾億美金。

哪知美鏈軟件有個 BUG（漏洞），2018 年 4 月 22 日，被人鑽空子，一下提走了 5 後面跟 58 個零個貨幣，一下美鏈被清空了。

這兩件事加在一起，你說張首晟能不抑鬱嗎？

由於 2018 年區塊鏈的市場大跌，比特幣價格比 2018 年年初最高 2 萬美金時的價格已經跌去了八成，而張首晟是高價位進入市場的，結果虧得一塌糊塗。他的跳樓，就跟炒股虧光了跳樓一個道理。

但作為一個布道者，當這場泡沫破滅的時候，張首晟的內心會無比糾結，何況還有大科學家的光環加身。無比純潔的科學心

靈給受他布道影響的投資者帶來了傷害，這會在張的心理造成什麼樣的影響！

如同當年項羽「無顏見江東父老」，區塊鏈的布道者張首晟也只有一死了之了。

死因從全球投資「幣圈」尋找

勃欣然在知乎上發表了《張首晟教授自殺之謎》，也認為答案可能還要從張教授所不為人知的第三個世界——在 2017 年引起全球投資界震動的「幣圈」去尋找。

文章給出了很多細節：「一般認為，張首晟應該和其他痴迷於物理學的教授一樣，和世俗社會沒有什麼關係。然而事實並非如此，張首晟很早就嘗到了與世俗接觸的甜頭。

2000 年前後，由一次偶然的機會，張投資了矽谷一家名為 VMWare 的科技公司，藉著矽谷科技進步和全球互聯網起飛的東風，五年來回報達到了 100 倍。具備敏銳嗅覺的他 2013 年毅然成立「丹華資本」，成為矽谷最早也是最成功的華人天使投資人之一。

自從那以後，張首晟逐漸從一個深居簡出、沉迷數學、不苟言笑的天才的物理學家，成為一個左右逢源、善於包裝、頻繁亮相於各大平台，和三教九流黑白兩道都有接觸的一流的資本家。

隨著 2017 年年底比特幣、ICO（數字貨幣首次公開募資）和 ETH（乙太坊）牛市的瘋狂，張在國內的影響力也與日俱增，徐小平、李笑來都成為張首晟的座上賓和同道中人。與此同時，曾經專注投資科技行業的丹華資本，也將自己的投資視野逐漸轉移

到區塊鏈行業內來。」

2018年張首晟在國內進行的「量子計算，人工智慧與區塊鏈」的投資演講中，只要是能夠給區塊鏈進行包裝，不論是熱力學、量子力學、量子計算、狄拉克運算元、天使粒子、平行宇宙，甚至他自己不是專業的深度學習，張首晟都無所不用其極，盡可能將其包裝成區塊鏈價值的例證，不得到人類必須迎來一個區塊鏈世界的結論絕不罷休。

在張首晟自帶物理學諾貝爾獎候選人、天使粒子玄而又玄的光環下，丹華資本的 ICO 投資進行得異常順利。許多情況下，張首晟只需要站台，就能得到免費的 ICO 份額，包賺不賠；在更多情況下，丹華資本裡精明的投資人們早就把這些劣質的空氣資產層層打包，賣給了散戶。有人說，丹華資本在區塊鏈中這一役賺了一大筆。

然而 2018 年中以來，事情起了變化。

首先是比特幣接連暴跌，引起 ETH 暴跌。許多按照 ETH 結算的投資項目淨值不保了，這有可能會讓張首晟擔保的諸多 ICO 投資項目面臨清算壓力。

然後或許起到推波助瀾作用的，是美國證券交易委員會（SEC）開始對非法代言和宣傳 ICO 項目的名人進行調查。最有名的事件，當屬針對拳擊手 Floyd Mayweather Jr. 和音樂製作人 DJ Khaled 的罰單。他們僅僅是因為在推特上宣傳某個 ICO 是 Game changer，吹噓「我也買了，請以後叫我 Floyd Crypto Mayweather」而沒有公開自己私下收受發行方的金錢賄賂受到處罰，共罰近 100 萬，是所得好處費的 10 倍。

相比之下，張首晟是公開為比特幣演講做推銷，一旦 SEC 查

他，他會被罰數億或數十億美金。

文章繼續說，「如果在美國，李笑來絕對不可能代言中飽私囊而不遭到起訴。張教授或許是怕自己晚節不保，不但不能和偶像 Simons 那樣成為地位尊貴的大亨（想像一下張首晟如果被調查，被 SEC 判巨額罰款並終生禁止投資），他以後還怎麼在投資圈內混？還怎麼帶領丹華資本在北上廣深和矽谷投資項目？

賠了錢可以找合夥人借，公司可以破產；出了事被調查，可以「無可奉告」。在沒有請律師、沒有申請破產之前就匆匆結束自己的生命，必然是有這兩者之外常人無法洞察的難言之隱。

文章說：「只有一個極其注重名譽、形象的人，在發現自己即將要跌入人生冰點的時候，才會出此下策，保全自己的名譽；同時也希望調查就此終止，保全其他重要的在 ICO 割韭菜行為中，那是讓大多數普通人家破人亡的『商業祕密』。」

「究竟是不是比特幣害死了張首晟，我們不得而知——這可能是一個永遠的謎。然而其他關於陰謀論的猜測未免更加荒唐：不論如何，一代天才已然隕落，比特幣的受害者的名單上，則又添上了讓人難以接受而又濃墨重彩，無法遺忘而又極具戲劇性的一筆。」

據公開資料顯示，2018 年在交易所項目中，丹華投資了 FCoin、Hydro、SFOX、Bgogo.com、CoinPark 等項目，FCoin 伴隨維權和非法融資糾紛，三個月內從風光走向低谷；Hydro 則重點搭建去中心化交易生態；SFOX 是一家美國的數字貨幣交易平台，重點關注大額交易的交易效率。

其中 FCoin 的幣值已經趨向於零，相比 2018 年年中上市時的風光可謂天壤之別。上市之初，FCoin 的最高總市值超過 57 億

人民幣，但目前已經不足 2 億元。而投資的 CoinPark 項目基本上已經死亡，既沒有流動性也幾乎沒有人做技術維護，總市值不足 1000 萬，並且幾乎完全沒有成交。

人間非數學模式 應遠名利順天意

也許是張首晟前半生在科研生活得太順利了，特別是 2009 年他被中共選為千人計劃學者之後，大陸各界對他的吹捧、各種開會時的盡情享受，這些都不知不覺中讓他開始自我膨脹，他感覺自己做什麼都行。他完全忘了班傑明・富蘭克林（Benjamin Franklin）出生在 300 年前的 1706 年，那時人類分工絕沒有今天這麼複雜，所以他可以同時成為傑出的政治家、外交家、科學家、發明家，出版商、印刷商、記者、作家、慈善家，以及共濟會的成員。

被勝利沖昏了頭腦的張首晟，以為自己已經發現了宇宙最根本的原理，就是一些最簡單的公理，按照這些公理做下去就一定會成功，就這樣他慢慢掉入陷阱而不自知，而這個人生陷阱就是丹華。

丹華開始投資高科技初創企業，但這個收益非常慢，可能十年二十年也不見成果，而投資比特幣之類的區塊鏈，很快就見大成效。

斯坦福校友透露，張首晟去世的前一天周五晚上，他還在和丹華資本投資公司的律所基金（fund）組開會。看來真的是「幣圈」坑了他。

丹華資本主要來源於北京市委的中關村發展集團，當他們得

知給丹華搞科技偷美國創新的錢，被用在比特幣的炒作上，那些粗暴橫行慣了的中共官員，肯定不會顧及張首晟的自尊心而隨意謾罵侮辱。一貫被中共吹捧得要上天的人，哪受得了這口氣，很可能張首晟一氣之下就想到了死。

特別是，丹華從 2014 年就開始投資區塊鏈，只是 2017 年底到 2018 年高價位時又買入了很多，而這些買入，也許中關村發展集團是知道並且支援的，投資賺錢了，大夥都高興，北京市委也不會多給一分錢給丹華；而投資失敗了，北京市委的人就來罵人了，這令張首晟更加接受不了。

一個差點就要得諾貝爾獎的物理學家，卻因為名利心被中共利用和放大，最後死於非命。

其實，無論是炒股、炒匯或炒幣，都是在賭博，都是想把別人口袋的錢轉到自己腰包裡。這種貪心與愚昧，是正常人應避免的。不過張首晟與那些職業賭徒還是大不相同。他可能真的從數學原理的角度相信久分必合、久合必分，相信區塊鏈是衝破各國貨幣管制的一個好方法。

的確，張首晟一直堅信，建立在數理邏輯基礎之上的人類理性，最終會解決人類自身發展中碰到的所有問題。他是一個盲目的樂觀主義者。然而，現實人類社會怎麼可能用幾個簡單的數學模型就能解釋得了呢？數學只是人類認識大自然的一個工具之一，怎麼能代表全部呢？人類除了數學物理生物化學等，還有更為複雜的經濟學、社會學、人類學等等。

張首晟這種不理智的行為，也是中共急功近利、一切向錢看的大環境所促成的。2015 年中共最高層不是講了股市要破萬點嗎？既然股市要漲，張首晟就以為比特幣也會漲了。

中國古人講，人類社會的變化是更高級生命安排的。一個小小的數學，一個小小的人，哪能預知未來呢？人應遠離名利，順應天意，才能安身立命。

據張首晟家庭發言人說，他說的最後一句話是「我愛你們」。張首晟離去後，妻子余曉帆寫道：「兩情若是久長時，又豈在朝朝暮暮。天堂再見！」

不過，自殺的人能去天堂嗎？

按照中國人的傳統，遇到再大的困難，自殺也是不對的。宗教中講，人的生命是由上帝、神佛安排的，你自殺了就算殺生，破壞了上蒼的安排，同時是幹了大壞事，要造下很大的業力，死後要去地獄受苦的。

據張首晟回憶，在德國生活時，他一度迷失了人生方向。後來他來到哥廷根，那裡有一座埋葬著許多偉大科學家的墓地。他突然認識到：儘管物理學家的身體會消亡，但他們的思想將永存。於是年輕的張首晟找到了人生的使命。

如今張首晟的身體也消失了，但他留下了拓撲絕緣材料和天使粒子等發現，這也將令他的思想永存。但同時他也給後人留下了深刻的警示……

第三節

美媒：張首晟 15 歲成為中共情報戰略棋子

張首晟在 2017 網易未來科技峰會上演講，稱正試圖應用「量子自旋霍爾效應」創造新型晶元，實現「革命性突破」。（大紀元資料室）

　　張首晟「意外離世」後，中共官方曾高調紀念，不過，隨後官方即開始淡化他生前入選中共「千人計劃」的始末。外界猜測，張首晟之死與美國對中共這項招募海外科技人才的質疑和調查有關。

　　不過，旅居美國的前中共統戰官員程干遠對《美國之音》透露，張首晟其實「陷得很深」，早在 1978 年，15 歲的張首晟考取上海復旦大學物理系的那天起，他就成為中共盜取西方技術情報的一顆棋子。

　　程干遠說，「千人計劃」源自中共前黨魁鄧小平：「鄧小平搞改革開放，目的是為挽救專制政權，讓共產黨政權不至於崩潰。那時候，他們就制定了一個計劃，派一批精幹的技術人才到西方

留學。」「當時沒有一個明確的名字，就說要培養一批精幹的技術人才到西方去，盜取技術情報。」

中共公安部主管復旦「物理二系」

程干遠 1950 年代從復旦大學法律系畢業，他介紹說，那時復旦大學有個「物理二系」，對外以大學的面目出現，對內稱作「核子物理系」。他通過學校內部管道獲知，這個科系實則由中共公安部情報系統主管。

「那個時候公安和國安還沒有分家。這個系由公安部一局，就是政治保衛局和國防科工委主管。系主任，據我了解，實際上就是公安部一局的情報人員。這個人原來在上海是地下黨的成員。」

中共黨媒《人民政協報》2014 年曾對這個神祕的「物理二系」有過報導。報導稱：在復旦大學的校園裡，曾經還有過一個神祕的科系——原子能系，當年為了保密，它只對外用代號「物理二系」。

「物理二系」的建築是一個封閉式的環形院落，周圍還有一條「護城河」圍起來，架一座獨木橋進出，門崗森嚴。

據當年「物理二系」的學生、後來成為系黨總支書記的袁竹書教授回憶，當年「物理二系」招生的考分曾是全校最高的，能進入這個系讀書也是倍感榮耀。

程干遠說，當時「物理二系」在中國挑選一些家庭背景沒有問題的尖子生，其中不少是紅二代。

據中共科學院上海分院的官方網站披露，前中共黨魁江澤民

的長子江綿恆，於 1977 年畢業於復旦大學「物理二系」，之後赴美留學，回國後不僅官至中科院副院長，而且藉中國互聯網業大發橫財。封堵監控國人的金盾防火牆就是由江綿恆操辦的。

程干遠說，1978 年，15 歲的張首晟初中畢業就考入復旦大學「物理二系」，並在一年後被校方選拔赴德國公派留學。「當時德國洪堡基金給了一些錢，一部分人到了德國，張首晟就是那個時候挑選的，待了一年轉到美國，直接由楊振寧帶為博士生。」

張首晟遊走在美中之間

張首晟後來成為美國斯坦福大學物理系終身教授，他曾在大陸網易科技專訪中表示，他雖然在美國工作，但總是想把「科學橋梁工作」做好。

2009 年，張首晟獲邀加入中共的「千人計劃」，受聘於清華大學，開始在美中兩邊同時發展，促成雙方科研機構和企業的多項合作。他還在 2013 年成為中科院外籍院士。

程干遠說，1980 年代赴美留學的那批人大都拿到了物理學博士，大部分人日後都和中共科技單位和高校有聯繫。他們逐步把西方技術搞到手，弄到中國來，中共也給他們提供很多好處。「兩邊拿錢，待遇很優厚的，很多人都成了千萬富翁，甚至億萬富翁。上海浦東很多這樣的人，大部分是搞計算機系統的。」

美國 FBI 調查「千人計劃」

程干遠表示，盜取西方技術是共產黨內部多年來一直明確的

目標，只不過現在把「千人計劃」公開了，認為這是可以大張旗鼓公開講的，等於是暴露了。

自 2018 年起，參與「千人計劃」的多名美國華裔學者成為美國 FBI 的調查目標。2018 年 11 月 20 日，美國貿易代表辦公室更新《301 調查報告》，指明中共利用風險投資獲取美國的尖端技術和知識產權，報告中點名張首晟創建的投資公司丹華資本。

張首晟與華為合作

張首晟 2013 年在美國創辦了風險投資公司——丹華資本，專注於投資斯坦福大學與矽谷的創新公司，特別是大數據、雲計算、虛擬現實、增強現實、機器人及智慧硬體領域的多家增長迅速、行業領先的公司，包括 3DR、Cohesity、GoodData、GraphSQL、EverString、Meta、Optimizely、Qeexo、Trustlook 等。

據中國新聞網 2018 年 3 月 16 日報導，丹華資本投資的兩家公司與中國企業巨頭建立了業務聯繫，其中包括華為。

報導稱，在丹華的溝通推動下，Qeexo 的觸摸屏技術首次被應用在華為的 P8 手機上，之後不斷獲得中國智能手機廠商的合作訂單。另外，在張首晟的促成下，GraphSQL 成為支付寶和中共國家電網的技術提供商。

隨著華為 P10 系列手機的發布，Qeexo 的觸摸屏技術在華為手機中的應用得到進一步強化。

目前，華為正緊跟阿里巴巴，加緊開發量子計算。而張首晟等發現的「天使粒子」，被認為有望給量子計算帶來關鍵的突破。

第六章

抓人質 孟晚舟被保釋

華為 CFO 孟晚舟在加拿大被抓後，已有三名加拿大公民在中國被扣押。外界認為，中共兩周內連抓三名加拿大公民，意在逼迫加拿大釋放孟晚舟。中共「劫持人質」之舉讓各國看到其醜陋的流氓本性。

獲准保釋的華為 CFO 孟晚舟（中）2018 年 12 月 12 日在安保陪同下出門，赴假釋辦公室報到。（大紀元資料室）

第一節

「五眼聯盟」密會曝光

澳、英、美、加、新西蘭曾在 2018 年 7 月舉行祕密晚宴，討論如何聯手封殺華為。（新紀元合成圖）

美國特朗普政府展開針對華為的調查，阻止華為進入美國市場，並同時發動盟友國家在全球範圍封殺華為。有消息稱，「五眼聯盟」成員國澳、英、美、加、新西蘭曾在 2018 年 7 月舉行過一場祕密的晚宴，討論如何聯手封殺華為。

華為副董事長孟晚舟被捕後，日本、法國等國，繼澳洲、新西蘭、英國等國家後，加入「封殺華為」的行列。加拿大前總理哈珀發聲支持特朗普政府，呼籲特魯多政府禁華為設備。外界關注，孟晚舟罪名若成立，華為將承受災難性打擊。

美國阻止華為進入美國市場

華為一直被認為具有軍方背景，為中共向全球滲透、竊取他國情報充當保護傘及先行軍。美國國會 2012 年發表一份報告，

指中共有可能通過華為及中興通訊的產品監視美國人。

美國近幾年出於國家安全,採取相關措施阻止華為進入美國市場。2011 年,因國家安全理由,美國政府阻止華為收購美國服務器技術公司 3Leaf。2012 年,眾議院發布報告,警告華為對美國構成國家安全威脅,美國政府部門及公司應避免與公司開展業務。

自從特朗普就職美國總統後,加強了對中共盜竊知識產權的打擊,「排斥華為」現象正從美國向世界各個發達國家擴散開去。

美國中央情報局(CIA)在 2017 年 10 月初公布的一份情報顯示,華為與類似俄國克格勃(KGB)式的情報部門有關,並表示該公司收到中共提供的 2.5 億美元。

2018 年 2 月份,FBI、CIA 等美國六大情報機構警告美國人,不要使用華為和中興的產品。

2018 年 4 月,美國國會「美中經濟與安全審查委員會」發布報告指,中共可能支持某些企業進行間諜活動,以提高中企競爭力並促進政府利益;報告點名華為、中興通訊、聯想三家大陸企業,具有這樣的特點。

2018 年 5 月,五角大樓禁止在其全球軍事基地銷售華為手機。

2018 年 8 月,美國總統特朗普簽署了一項法案,禁止在「必不可少」或「關鍵」的系統使用華為公司的組件或服務。

2018 年 9 月,美國聯邦調查局(FBI)局長瑞伊(Christopher Wray)曾公開表示,中共借助不同的人群,包括政府派出的間諜,非傳統類的教授、商人、研究生,以及像華為、中興這樣的電訊公司進行間諜活動。間諜活動以不同的形式展開,包括網路攻擊、盜取知識產權等。

美國發動盟友 全球範圍封殺華為

《華爾街日報》2018 年 11 月 23 日報導，美國正發動盟友國家，在全球範圍封殺華為。美國政府正努力勸說德國、意大利和日本等盟友，禁止使用華為的電訊設備，以免增加間諜活動的風險。

加拿大、英國、澳洲、新西蘭、美國五國是五眼情報網（Five Eyes）成員，這五國分享情報信息，預防及打擊全球間諜和恐襲活動。因擔心華為與中共的關係會危害國家安全，美國首先禁止本國 5G 網使用華為設備，並敦促其他的五眼成員國加入。

2018 年 8 月底，基於國家安全原因，澳洲政府封鎖了華為的 5G 移動網路。

新西蘭電訊公司 Spark New Zealand 在 11 月 28 日表示，新西蘭政府通訊安全局已否決該公司擬使用華為 5G 設備的提議，理由是對國家安全構成重大風險。

2018 年 10 月，英國政府表示，正在評估該國電信設備市場的供應商。英國情報機構 MI6 主管楊格（Alex Younger）12 月 3 日對媒體說，英國政府需要作出決定，是否讓本國的 5G 網使用華為設備。

英國《金融時報》（FT）12 月 5 日報導，該國最大的電信營運商英國電信（BT）已將華為從其核心 5G 網路設備競標者名單中移除。該公司還將在二年內將華為設備從其核心 4G 網路中剝離出來，以使其手機業務符合公司的內部政策。

有知情人士向路透社透露，華為與英國當局的關係從 11 月起降至冰點，當時在一場華為高管與英國國家網路安全中心

（NCSC）的會晤中，一名英國高級官員由於華為無法解決產品安全性漏洞問題，退出該會議。

韓國最大無線網路運營商 SK Telecom 於 9 月 15 日宣布，已選擇三星電子、愛立信和諾基亞作為 5G 設備的首選投標企業，華為被排除在外。

日本政府禁用華為與中興設備

日本政府 12 月 10 日在首相官邸召開應對網路攻擊的高層會議，彙整了有關採購中央省廳（部會）或自衛隊所使用通訊設備等的指導原則，決定將中國電訊商華為和中興通訊從政府內部的採購清單上剔除。

當天，日本政府沒有直接點出華為及中興的名字，日本共同社分析報導，這是為避免對日中關係造成負面影響及導致消費者抑制購買產品等情況。但是，日本官房長官菅義偉在記者會上明確解釋說，不購買植入竊取、破壞信息和干擾信息系統等惡意功能的設備極其重要。菅義偉的發言被外界認為措辭強烈。

12 月 10 日，日媒稱，日本三大電信運營商將放棄使用華為和中興通訊現有的和即將推出的 5G 設備。原因是發現華為產品內有間諜晶元，威脅到日本國家安全。

日本執政的自民黨中有關人士表示，在實際拆解華為設備後，確實發現了硬體中不必要的元器件（間諜晶元），這一問題引發日本政府的極大關注。

歐洲電訊商棄用 華為失重大市場

彭博 12 月 14 日報導，繼美國、日本、澳洲和新西蘭禁止華為的網路基礎設施產品後，法國現在也正加入其行列。

報導引述消息人士指出，法國總統馬克龍有意為該國電訊設備系統的核心部分，加入額外條款，而有關條款正是針對華為。

法國最大的電信運營商 Orange 首席執行官理查（Stephane Richard）12 月 15 日在接受一家電台採訪時表示，該公司將不會在其 5G 網路中使用華為設備，因為法國當局要求謹慎行事。

另外兩家法國運營商 Bouygues Telecom 和 Altice 旗下的 SFR 表示，就 5G 供應商一事，他們將留意來自法國國家信息系統安全局（ANSSI）的指示。

而挪威政府更於 12 月 14 日指，若採取的電訊設備供應商，來自與挪威在國家安全上並無合作的國家，政府會保持關注。雖然並無指名涉及哪些國家，但應該指涉中國。

德國電信企業發言人 12 月 14 日提到，將「非常認真」的考慮華為設備的問題。同時，該企業不排除因安全問題棄用華為設備的可能。

2018 年 11 月中旬，數名德國外交部、內政部官員匿名向路透社表示，該國預計在 2019 年初啟動 5G 基礎建設招標，官員們正盡力說服政府對華為提高警覺。

電訊業顧問 Nordstorm 行政總裁 Bengt Nordstrom 指出，日後歐洲大陸的電訊公司在採取華為的電訊設備時，會格外留神。

據悉，歐洲、中東和非洲業務占華為收入 27％。對華為而言，失去歐洲盟友也意味著失去數十億歐元的網路訂單。

印度電信部門提議禁進口華為設備

據美國之音 12 月 17 日報導，印度電信業主管部門「印度設備與服務出口促進委員會」計劃致信印度國家安全顧問，要求政府基於國家安全考慮禁止進口華為等中國公司生產的電信設備。

「印度設備與服務出口促進委員會」主任納迦說，他們正在起草一封給國家安全顧問多瓦爾的信，要求基於國家安全關切，考慮限制華為進口設備。他說，華為的設備可以在印度以外被操控，而且有些設備已經被用在東北部十分敏感的兩國有邊界爭議的地區。

此前，印度電信部已經在 2018 年 9 月宣布禁止華為和中興參加印度的 5G 用例試驗與合作。

此外台灣也明確表示，從 2019 年新年開始，醫院和科學園區等八大敏感行業，禁止華為等中共製造的信息設備和軟件服務。國安會祕書長李大維在立法院表示，這項牽涉面很廣的政令，將由行政院執行。他指出，台灣中央到地方的政府機關，已經沒有華為產品。

加前總理哈珀籲政府禁華為設備

加拿大前總理哈珀（Stephen Harper）12 月 6 日表示，他支持美國發起的、說服加拿大和其他主要盟國禁止在下一代（5G）電信網路中使用華為設備的行動。

哈珀告訴福克斯新聞，作為加拿大前總理，他越來越擔心華為和中國電信設備製造商中興通訊對西方通信網路的滲透。「這

些機構（華為等）最終與中國機構緊密相連，我們認為那裡存在一些真實的、嚴重的問題。」哈珀說：「美國正在從根本上推動西方盟友將華為排除在新興 5G 網路之外，我個人認為，就我們自己的長期安全問題而言，這是西方國家應該做的事情。」

在福克斯新聞採訪中，哈珀也反對中共的不公平貿易行為。「我們進入他們（中國）的市場非常有限，導致北美數百萬個工作崗位流失。」他說：「美國基本上一直在為另類競爭對手的崛起買單。」

哈珀表示，西方國家必須承認，中共是一個地緣政治的競爭對手，已經「毫不掩飾地傳播希望替代西方民主規範的方案」。

加拿大政府正在審查華為 5G 技術的潛在安全威脅，以確定下一步行動。加拿大情報局長維格諾（David Vigneault）12 月 3日在加拿大經濟俱樂部舉辦的一個活動中，直接談到了 5G 網的安全問題。

維格諾說，外國政府正在使用各種方法，竊取加拿大商家的祕密，這些方法包括網路攻擊、勒索、收購公司等。5G 網是這些外國政府代理人關注的五大目標之一。

五眼聯盟聯手封殺華為內情

觀察者網 2018 年 12 月 14 日報導說，中國通信巨頭華為集團近半年以來遭到多個西方國家「封殺」，時間上的吻合，令有關傳言的可能性大增，甚至連澳洲以及新西蘭媒體也有報導。

有關傳言稱，由美國、英國、澳洲、加拿大和新西蘭的情報機構組成的「五眼聯盟」（Five Eyes）內部，實現了互聯互通情

報信息，獲悉的商業資料在這些國家的政府部門和公司企業之間共用。

2018 年上半年，「五眼聯盟」內部在對待華為在本國發展方面發生了分歧，其中美國及澳洲對華為態度強硬，而英國、加拿大及新西蘭的態度稍微緩和一些。

據《澳洲金融評論報》報導，「五眼聯盟」成員國情報部門領導人，7 月曾在加拿大新斯科舍舉行過一場祕密晚宴，共同討論「如何將華為排除出 5G 採購名單」。

7 月 17 日之後，「五眼聯盟」成員中，美、澳、新、英等四國先後對華為的 5G 設備及技術發出禁令，而發生「孟晚舟事件」的加拿大，也似乎有類似計劃。

與此同時，8 月 22 日，美國對華為 CFO 孟晚舟發出逮捕令。加拿大卑詩省於 11 月 30 日向孟晚舟發出省級的逮捕令。12 月 1 日，孟晚舟在加拿大被扣。

美兩黨議員提案 華為現倒閉危機

12 月 11 日，美國國會的兩名眾議員、威斯康辛州的共和黨眾議員麥克‧加拉格爾（Mike Gallagher）和亞利桑那州的民主黨眾議員魯賓‧加利戈（Ruben Gallego）提出議案，要求總統禁止向違反美國出口或制裁令的中國電訊公司銷售美國產品。

該議案直接針對中國兩大通訊設備巨頭華為和中興。議案要求，相關中國公司必須在一年內「一直合規」才可以解除禁售令。

加拉格爾議員在一份聲明中說：「華為和中興的一舉一動都是中國共產黨指使的。多年來，他們一直對美國電訊業進行複雜

而系統的攻擊，傷害我國政府、盟國和世界各地私營企業的信息安全。」

《金融時報》報導，如果遭遇與中興類似的限制，華為或許不像中興那麼脆弱，但它仍依賴美國製造的元件，尤其是半導體晶片，這意味著出口禁令將對華為發展 5G 移動通信的野心造成一大挫折。

Arete Research 的聯合創始人辛普森（Brett Simpson）告訴《華爾街日報》說，5G 是中國一項重大技術戰略，華為是中國主要技術開發者，但華為依賴很多以美國為基礎的 5G 硬體供應商，「我懷疑如果任何美國供應禁令到位，可能會使他們（華為）的計劃受阻。」

2018 年早些時候，另一家中國通訊領軍企業中興通訊公司，就因違反美國對伊朗的制裁，差一點被美國判處「死刑」。4 月中旬，中興通訊被美國商務部下達「禁售令」，禁止購買美國晶片和軟體等產品。短短一個月時間，中興就因缺「芯」陷入停擺狀態。中興事件震驚了華為、聯想等大陸科技公司，這些公司都高度依賴美國技術。

最終，中興被罰 10 億美元巨額罰金才被暫時放生。當時已有消息傳出，美國政府懷疑華為也有類似違規行為，已開始展開相關調查。

第二節

孟晚舟不可能再接班

中共駐溫哥華總領事佟曉玲等人拜訪甫獲保釋的孟晚舟，說明華為與北京的關係不一般。（大紀元資料室）

華為副董事長兼 CFO 、任正非的長女孟晚舟，2018 年 12 月 11 日在較為嚴格的條件下獲得保釋，現居住在位於溫哥華西 28 街的豪宅當中。第二天，孟晚舟由保安人員陪同到假釋辦公室報到，這是她今後很長一段時間都必須要做的事。

孟晚舟保釋後外出 接班人地位不保

據媒體報導，她身穿黑衣、配戴黑色冷帽、愛馬仕（Hermes）圍巾及疑似橙啡色葆蝶家（Bottega Veneta）手袋現身，其間走錯另一大廈，再抵達假釋辦公室。

從照片看，孟晚舟一臉沮喪，她知道，美國一定會全力引渡她，而加拿大一般會配合美國。即使華為或中共花大力氣能對加拿大法庭提出引渡抗議，那她也得在加拿大待上好幾年，即使父

親任正非想讓她接班華為，但這一抓，她基本失去了接班人地位，今後即使被釋放，也難以成為華為的頭號人物。

大陸媒體也稱，孟晚舟須面對漫長的法律訴訟程序，恐將無法繼續擔任華為 CFO，更別提華為的接班人了。

2016 年，孟晚舟在清華大學演講時曾以「改變世界的從來都是年輕人」鼓勵清華學生加入華為。她說，在華為「不拚爹，不拚媽，一切看貢獻和能力。」

然而事實上，任正非早就把兒子任平和女兒孟晚舟安排進了華為，2018 年 3 月，長期擔任華為財務總監 CFO 的孟晚舟升為副董事長，孟晚舟的接班之路更為清晰。誰說華為不是任人唯親呢？

孟晚舟 2013 年曾在專訪中表示：「華為沒有不可告人的祕密……我們已經有一個想法，選擇一個時機把『黑屋子』變成一個透明的玻璃房子，公布詳細情況，包括高管具體持股數。」而且「唯一能擊敗華為的，就是內部的腐敗和怠惰」。但孟晚舟這回在加拿大被扣留，顯見特朗普與美國政府不願意放過華為。

孟晚舟一豪宅靠近美國駐溫哥華大使館

就在 12 月 12 日上午，中共駐溫哥華總領事佟曉玲，乘坐領事館專車，帶著一束鮮花及一盤蘭花前來拜訪孟晚舟，同行還有兩名男子，雙方會面大約一個半小時。佟一行人離開時，孟晚舟兩夫婦送出門口。現場傳媒紛紛上前拍攝，但幾人都一言不發。

華為作為一個民營企業，卻享有中共總領事登門獻花的禮遇，光這一點就說明華為與北京的關係不一般。

就在保釋首日，香港《蘋果日報》現場記者已經發現一大安保漏洞。

佟曉玲離開約 15 分鐘後，又有三名男子乘車抵達孟寓所，其中有人疑手持載有食物的保溫袋。三人從後門進入，並沒有向前門的保安公司職員登記。而孟家後門只是一個簡陋木門，也沒見有保安人員看守。

不過孟晚舟帶有腳環等電子設施，一旦她離開設定的範圍，腳環就會自動報警。

孟晚舟丈夫劉曉棕名下還有一處豪宅，與美國駐溫哥華領事館官邸僅百米之隔。據媒體報導，12 月 12 日，這座豪宅好像正在裝修，中門大開，雖然全屋開燈但未見人影，正門牆壁只有一張告示禁止未經授權人士進入。

自由亞洲電台稍早援引出逃美國尋求政治庇護的前中共海軍司令部中校姚誠表示，劉曉棕夫婦購買豪宅大動干戈，值得深究。姚誠認為，孟晚舟與丈夫劉曉棕皆出自華為，兩人高價築巢美國駐溫哥華總領事官邸旁邊，等同與美國領事全家私隱「零距離」。

如今孟家大動干戈，莫非想安裝最先進的遠距離竊聽器？或特殊的通訊攔截系統來偷聽美國對抓孟晚舟的具體行動？

孟晚舟以祖國為傲 但北京幫不了她

孟晚舟被抓，對華為的運營造成重大影響。華為一家日本上游供應商 12 月中旬透露，華為內部已經「天翻地覆」，所有工業器材訂單都暫停。

孟晚舟回家第二天下午三點，她發出了獲保釋後的第一條朋

友圈。

　　她寫道：「我在溫哥華，已回到家人身邊。我以華為為傲，我以祖國為傲！謝謝每一位關心我的人。」配圖則是華為的一張廣告宣傳圖，配文為「偉大的背後都是苦難——羅曼‧羅蘭」。

　　孟晚舟以華為為傲，但華為在國際上是被恥笑的間諜企業。美國之音 12 月 14 日報導，美國國會參議院司法委員會舉行聽證會，該委員會主席、共和黨籍參議員查克‧葛雷斯利說，「美國境內 90％以上的網路經濟間諜活動」都是中共幹的。這裡面華為就參與不少。

　　孟晚舟以祖國為傲，但北京並不管孟晚舟。12 月 1 日孟晚舟被抓時，習近平已經知道此事，但他沒有向一起吃晚飯的特朗普提及此事，此後中共官方也一直稱：「美中兩國貿易團隊一直保持溝通、兩國談判進展順利。」

　　言外之意，中美談判並沒有因為孟晚舟事件而擱淺。這話讓孟晚舟很絕望，因為這傳遞一個訊息：習近平不會因小失大，讓孟晚舟被抓成為中美貿易戰的阻力。

第三節

中共連抓三加國人質

孟晚舟被抓後，中共連抓三名加拿大公民，致使外交危機升級。圖為加拿大駐北京大使館前。（AFP）

中共用力過猛 事態反常 怕她洩密？

　　孟晚舟被抓後，儘管華為沒有什麼大動作，但據說，華為花了很多錢給五毛黨，讓他們在國內外替華為辯護，營造出網路輿論都支持華為的假象。

　　雖然習近平沒有向特朗普提孟晚舟的事，但長期在江澤民勢力掌控下的中共外交部和國安部卻反常地大動起來，包括：召見加拿大和美國的駐華大使，警告不盡快放人將面臨「嚴重後果」；讓中共外交部部長出面指責美國要求引渡孟晚舟是對中國公民的「霸凌」；同時開動多家宣傳機構拿孟的「人權」作文章，為孟開脫罪責，甚至在美方還什麼具體案情都沒有公布之際，就在黨媒上想當然地堅稱「美方的所謂證據一定是漏洞百出的」，把抓捕孟晚舟宣傳為「對中國的一種宣戰」；最後更不惜撕破臉皮以

涉嫌「危害中國國家安全」為由將兩名加拿大公民扣押在北京作為交換砝碼。

針對中共在孟晚舟事件上的種種反常表現，法廣 2018 年 12 月 13 日發表一篇文章提出質疑：北京用力過猛，難道是擔心孟晚舟在美受審會洩密？

該文並指出，不僅中共官方為「撈出」孟晚舟反應太猛烈，而且中共的官員對孟晚舟的態度也不太像是正常對待一名私企高管，「更像是在伺候一位重權在握的政府高官」。

文章接著猜測，孟晚舟如果被引渡到美國受審，中共擔心她洩露的或許是「中國 2025 計劃真容」，或者是「美國技術如何被竊」。

此外，還有一些嚴重的疑問需要釐清，比如：華為冒著巨大風險向伊朗出售美國產品，是華為自己要幹的嗎？華為跟敘利亞、蘇丹、朝鮮等政權也有違規交易嗎？這些政權如何對北京投桃報李的？

中共連抓三名加拿大人質 包括金正恩的朋友

加拿大官方 12 月 18 日證實，華為 CFO 孟晚舟被抓後，已有三名加拿大公民在中國被扣押。外界認為，中共兩周內連抓三名加拿大公民，意在逼迫加拿大釋放孟晚舟。

第一位被抓的是加拿大前外交官康明凱（Michael Kovrig）。

據外媒報導，北京時間 12 月 10 日晚上 10 點（也就是加拿大 10 日的下午），加拿大前外交官、國際危機組織成員康明凱在北京街頭被中共拘捕，目前被祕密關押在一個拘留所，單獨拘

禁，每天早中晚各被拷問一次（每天共三次），而且晚上不允許他關燈。

此外，康明凱被剝奪聘請律師的權利、不能要求保釋、不准家人及朋友探視，以及一個月只能和加拿大領事會面一次。

第二位被抓的是加拿大商人、斯帕沃爾（Michael Spavor）。

加拿大外交部長弗里蘭 12 月 12 日在渥太華舉行記者會，證實又有一名加拿大人在中國失聯。這名公民曾和加拿大政府聯絡，透露自己被中國官員盤問，現時已失去聯絡。

據加拿大媒體《環球郵報》報導，加國公民是斯帕沃爾（Michael Spavor），開設了一間叫做巴東文化交流（Paektu Cultural Exchange）的機構，總部在遼寧丹東，安排旅客和運動員到朝鮮。

報導還指出，據兩名熟悉斯帕沃爾和康明凱的人士透露，斯帕沃爾和康明凱彼此認識。

斯帕沃爾是少數幾個受到朝鮮領導人金正恩（Kim Jong Un）接見的西方人士之一。

路透社報導說，斯帕沃爾同金正恩關係密切，兩人曾一起滑雪，體驗朝鮮核試驗造成的地面震動，經他從中牽線搭橋，促成了美國籃球明星羅德曼訪問朝鮮。

斯帕沃爾還是在中國與英國都有辦公室的加國非營利社會企業「白頭文化交流社」的負責人，該組織自稱「非政治性」。斯帕沃爾因 2013 年與 2014 年協助促成前美國職籃「國家籃球協會」（NBA）球星「小蟲」羅德曼（Dennis Rodman）訪朝，並擔任羅的口譯而馳名。

斯臉書上有幾張與金正恩合影照片。斯帕沃爾（Michael

Spavor）此前接受路透專訪時提到，他預料國際社會將解除對朝鮮的制裁，因此正試圖促進外資對朝投資，並主辦赴朝鮮的旅遊行程。

中共外交部表示，康明凱和斯帕沃爾「涉嫌從事危害國家安全的活動」，但康明凱所屬的國際危機組織表示，他目前負責的工作不涉及任何祕密，工作內容主要是撰寫預防衝突的公開報告。

第三位被抓的加拿大公民叫麥基弗（Sarah McIver）。

孟晚舟 12 月 11 日被加拿大法庭保釋後，12 月 20 日，中共外交部發言人華春瑩證實，已拘捕第三位加國公民——在中國大陸任教的加拿大女公民麥基弗（Sarah McIver），理由是她在中國「非法就業」。她此前的工作簽證已經過期。

加國抗議 驅逐 160 位中國非法移民

中共連抓三名加拿大公民，致使外交危機升級。

前加拿大駐華大使趙樸認為，這是一種施壓。類似事件在四年前曾發生過。2014 年 7 月，加拿大警方應美方要求，逮捕了中共間諜蘇斌，蘇斌後被引渡到美國受審。數周後，中共報復式地逮捕了在中國開咖啡館、從事基督教援助工作的加拿大人高凱文夫婦。「我確信它們有一份人員名單，可以通過各種脆弱的指控逮捕他們。」

12 月 14 日，加旅遊部長辦公室宣布：加拿大聯邦旅遊部長 Melanie Joly 的訪華日程推遲。12 月 17 日，加拿大旅遊局暫停在中國做旅遊推廣的市場營銷。

12 月 20 日，《多倫多星報》（Toronto Star）引述加拿大聯邦政府消息人士稱，目前約有 200 名加拿大人，因各種原因在中國被拘留，少數人是政治案件，其他案子包括雙重國籍問題（中國不承認雙重國籍），涉嫌違反簽證規定問題，醉酒、吸毒及其他類型犯罪。

在此敏感時刻，有外媒報導稱，加拿大已下令驅逐 160 名滯留境內、透過非法手段獲取加拿大永久居留權的中國公民。

此前加拿大邊境服務局（CBSA）發現，多達 566 名中國人使用「以投資當地換取移民資格」的企業家移民計劃，涉及一對中國鍾姓姊弟所經營的旅宿業地址，在 2008 年至 2015 年間通過移民審查，總計有 1028 名中國人用此造假方式非法獲得加國永久居留權。

而上述發生在加拿大愛德華王子島省（PEI）的移民造假案 12 月 6 日開審。涉案人 60 歲的鍾平被 CBSA 起訴三項罪名，包括違反《移民和難民保護法》、幫助和教唆失實陳述；她 58 歲的弟弟鍾藝則被起訴五項罪名。

先前已有 81 名非法移民成功的中國公民被加國掃地出門，現在當局下令驅逐另外涉案的 160 名中國移民。

與此同時，有消息指由於中國人大量造假，加拿大愛德華王子島省（P.E.I）已經決定關閉 PEI PNP 企業家移民計劃。

在過去十年，愛島省一直積極引入移民。該省的移民門檻較低，申請人只要交上 20 萬保證金及投資 15 萬，經營一家小公司就可申請。如果沒有投資，保證金不退。然而人們寧願花保證金去買一個移民身份。

有分析人士認為，愛德華王子島省這個決定的可怕之處在

於，它可能對其他省造成示範效應，迫使所有企業家移民項目直接獲取楓葉卡的通道全被「堵死」。

多維宣稱王毅妻遭加拿大拒簽證

中共抓加拿大人質後，多維新聞網報導說，中國外交部長王毅的妻子錢韋，被加拿大官方拒發簽證。

多維稱，加拿大政府 12 月中旬駁回王毅妻子錢韋的簽證申請，未來許多中共官員親屬或紅二代恐怕會繼續受到美國、英國、加拿大、澳洲、紐西蘭組成的五眼聯盟（five eyes）監視，或難以進入聯盟國境內。

王毅據傳在加拿大擁有兩座豪宅。錢韋的公開資料不多，其父據稱是中共前職業外交官錢嘉東，長期在外交部工作，曾任前總理周恩來的外事祕書、中國常駐聯合國日內瓦代表團大使等職。

有消息稱，中國外交部長王毅能坐上大位，與同屬外交體系出身的丈人錢嘉東密不可分，王毅完成學業後靠錢嘉東進入外交部亞洲司擔任基層人員，在 19 年內平步青雲，48 歲那年官拜外交部副部長，成為中共政權史上最資淺的副部長，而後又升任部長職位。

此前有港媒曝光中國外交部高層的醜聞，包括王毅被舉報其學位是假的，他的南開大學經濟學碩士、外交學院國際關係學博士都是在職時取得的，都是「利用職權」得的，根本沒有經過系統全面、認真的學習。

王毅與加拿大最知名的爭議事件，是 2016 年 6 月在加拿大，

王毅針對加拿大記者有關人權問題的強勢反擊「你了解中國嗎？你去過中國嗎？」、「最了解中國人權狀況的不是你，而是中國人自己。你沒有發言權，而中國人有發言權」。

這番話聽起來就像罵街一樣，很沒有水準。中國人自古就說：「不識廬山真面目，只緣身在此山中」。儘管中共用謊言欺騙愚昧了很多中國人，但中共被國際社會評價為「人權惡棍」，那是有無數事實證據的。王毅的強盜邏輯說不通。

不過，了解一點國際外交常識的人都知道，多維又在散布不實言論。作為外交官的夫人，王毅的妻子早就具有外交護照，這是不需要加拿大給予簽證的。

所以有媒體報導說，北京權威人士表示，「這是百分之百的謠言，完全是無中生有，不值一駁。」

中共抓人適得其反 暴露流氓本性

12月18日，美國前駐華大使駱家輝認為，前兩名加拿大人在中國被捕和孟晚舟有關。這是典型的北京戰術，想向外國政府發出警告。駱家輝認為，外國駐華使館，尤其是美國和一些歐盟國家使館應該聯合起來，支持加拿大提出的釋放被關押公民的要求。這些人不應該受到牽連，而加拿大只是遵守了跨國執法機構合作的國際法規而已。

彭博社稱，中共的做法是「劫持人質」，中共以為懲罰與美國合作的弱勢國家，可以達到殺雞儆猴的作用，從而讓其他國家未來在與美國合作前能夠「三思而後行」。然而，中共的做法可能適得其反。

喬治·華盛頓大學研究中國法律的教授郭丹青斥責中共：「你不能到處逮捕無辜的人，把他們扣為人質。這是一個殘暴國家的特徵，不是安全理事會常任理事國的特徵。」

喬治·華盛頓大學法學院的克萊克在《華盛頓郵報》上撰文稱，中共把康明凱和孟晚舟事件同等看待，是很愚蠢的。美國和加拿大有數以萬計的中國留學生，很多都是中共權貴的子女，但他們和他們的父母從不擔心他們會成為人質。因為美加兩國不會考慮這種流氓行為，而且就算有意這樣做，政府也沒有這種權力，兩國法律也不允許。

文章接著說，孟晚舟在加拿大享有一切應有的權利，包括聘用律師、保釋外出，還可以在一個公平和獨立的法院上答辯，叫意大利薄餅回家享用。但是，康明凱和斯帕沃爾都沒有。

自從 1848 年馬克思的《共產黨宣言》出版以來，自由世界與共產黨之間進行了長達 170 年的鬥爭。世界各國研究共產黨的成果汗牛充棟，但是，誰也沒有把共產黨到底是怎麼一回事說清楚。

2004 年 11 月，《大紀元》隆重推出系列社論《九評共產黨》，第一次將共產黨反天、反地、反人類、反神佛的邪惡本質揭露得淋漓盡致。用最通俗的語言來形容，共產黨的本質特徵就是：我是流氓我怕誰！

在孟晚舟被抓後，中共直接用綁架加拿大人的方式，其實是在向整個國際社會展示其流氓本質。中共的這一系列「人質」行動，只能促使國際社會快速從過去十幾年與中共「良好」的合作形象中醒來，只能驚訝原來中共做事情是這樣沒有底線的。這對有普世價值的世界各國來說，或許是一件好事。

強力部門藉反抓人質逼宮習近平？

　　海外時評家陳破空 12 月 17 日在自由亞洲電台撰文認為，解讀孟晚舟事件，除了於中美博弈之際，華為公司及其作為，幾乎觸及了中美貿易戰、中美全面對抗的所有敏感點有關，事件還與中共文宣系統片面報導和策動五毛黨群起出動的民族主義鼓譟有關，更需要從中共內鬥層面解讀。

　　陳破空表示，兩名加拿大公民在中國被捕，自然是中共報復的結果，但其中的弔詭卻在於，未必是習近平直接下達的指令，更像是任正非策動國安和公安的先斬後奏。因為，被捕的兩名加拿大公民，並非普通加拿大人，而都是不凡人物，在任正非和中共國安、公安眼裡，具有特別的戰略價值。

　　他解釋說，其中之一，康明凱（Michael Kovrig），是國際危機組織的東北亞高級顧問，該組織三十多名董事中有兩名中國人：胡舒立，財新傳媒總編輯，中共副主席王岐山的親信；王緝思，北京大學國際戰略研究院院長，接近中共高層的智囊。而中共中聯部副部長郭業洲、全國政協外事委員會副主任韓方明曾先後會見康明凱。

　　也就是說，牽涉康明凱的中方人物，至少有四人，都與習王當權者相關。中共強力部門抓捕康明凱，具有叫板王岐山逼宮習近平的意味。

　　其中之二，斯帕沃爾（Michael Spavor），是白頭山文化交流協會創辦人，是朝鮮領導人金正恩的朋友、紅人、座上賓，曾促成美國籃球明星羅德曼訪問平壤。是金正恩連接外部世界的少數橋梁、視窗和仲介之一。中共強力部門抓捕斯帕沃爾，具有挑動

金正恩與習近平反目的直接作用。頗具能耐的任正非，此舉一石三鳥：挑動中美關係、中加關係、中朝關係；擊中王岐山、打中習近平、觸怒金正恩。

陳破空認為，作為華為創始人的任正非，並非等閒之輩。他出身軍隊情報系統，脫下軍裝，創辦貌似民辦民營的華為公司。瞄準西方高科技，能竊密就竊密，能盜版就盜版，能間諜就間諜。任正非和華為公司背後，有著深厚的軍方、國安和公安背景。

眼見孟晚舟被捕，任正非救女心切，狼性大發，必然展開大量幕後運作。這個曾被奧巴馬政府定義為「中共黨內重量級人物」的任老大，足以給習近平構成威脅。

網上一度盛傳任正非的內部講話：「投降沒有出路，從來亡國奴就是任人踐踏。」「華為整個公司嗷嗷叫，不怕誰。我們有能力自己站起來，不做亡國奴。」「敢於和美國賽跑，現在到了提槍跨馬上戰場的時候。」

對此，陳破空認為，這就是任正非針對習近平對特朗普妥協和退讓姿態的不滿和譏諷。因為已有媒體把 12 月 1 日特習會描述為「習近平向特朗普投降」，而蹊蹺的是，孟晚舟被捕也發生在同一天。

而就在外界議論紛紛，認為孟晚舟被捕事件可能衝擊中美貿易談判之時，習近平卻下令親信、副總理劉鶴致電美國首席談判代表萊特希澤和財長努欽，明確表示：將遵循兩國元首達成的共識，按照既定的時間表和路線圖，推進中美貿易談判。

香港《蘋果日報》12 月 12 日刊登評論文章稱，孟晚舟很有可能成為北京自保的一條「斷尾」，也就是說，如果談判不成功，北京很可能拋棄孟晚舟以及華為。

　　回頭看孟晚舟保釋回家後的第一條留言：「我以華為為傲，我以祖國為傲」，華為聽命於北京而冒險出口伊朗，孟晚舟為了華為而冒險去加拿大，如今，華為與孟晚舟都可能成了流氓中共的犧牲品。

　　想一想，值得嗎？

第七章

華為 5G 地位與物聯網

各國對將目標瞄準物聯網和 5G 領域的華為保持警惕，並非害怕競爭、被中國超越，而是因其間諜風險。事實上，5G 設備的核心組件複雜，其中天線列陣、數據轉換器和 FPGA 等核心技術方面，都可能卡住華為的脖子。

華為想在 5G 領域領導全球，引起各國警惕。圖為 2018 年 12 月 20 日，上海一個中國移動 5G 體驗中心的華為展位。（AFP）

第一節

全球新焦點在於 5G

全球 5G 的經濟規模約有 3.5 兆美元,而整個產業鏈達 12.3 兆美元。5G 網路是各國正在積極發展的領域。(AFP)

5G 技術和網路的相關議題最近頻繁出現在媒體上。特別是美國、澳洲、新西蘭、日本等國,以及全球一些大型電信公司在其 5G 網路中禁用中國華為設備的新聞屢見報端後,5G 更成為人們關注的熱點。

那麼什麼是 5G?包括哪些領域?目前發展到什麼程度?5G 為什麼如此重要?到底有哪些戰略意義?為何多國限制中國通訊巨頭華為涉足 5G 網路?

根據高通報告初估,全球 5G 的經濟規模約有 3.5 萬億美元,而整個產業鏈達 12.3 萬億美元。5G 網路是各國正在積極發展的領域。

以下綜合法新社文章和其他資料,介紹 5G 的各個方面。

什麼是 5G ？

什麼是 5G ？ 5G 是第五代移動通信技術，能帶給我們更快、更安全、更高性能的通信體驗。該技術將於 2019 年或 2020 年在亞洲和美國陸續推出。

每一代移動通信技術都會提供數據傳輸速度和容量的改進，而 5G 網路將真正實現從電話到其他設備的過渡。

5G 網路的外緣始於各類設備，如手機、物聯網設備、自動駕駛汽車等，這些設備通過連接到 5G 網路來進行數據收發。

5G 能做什麼？

到目前為止，由於手機傳輸速度以及網路主幹數據傳輸在很多情況下未能充分擴展，無法處理大批量數據，移動網路的局限性使得物聯網發展迄今為止受到挫敗。

5G 採用無線電頻譜，使其能以比以往技術更高的速度和更高的可靠性傳輸大量數據。正是這種速度和可靠性的結合，使其可連接更多的設備，滲入人類生活的方方面面；可以滿足自動駕駛汽車上路，或醫生遠程進行操作時的數據傳輸需求。

5G 網速要做到的目標是最大 10Gbps。這比 4G 網路的傳輸速度快數百倍，整部超高畫質電影可在一秒之內下載完成。移動終端設備上的視頻播放會更快、更穩定。視頻聊天畫質會更清晰、更流暢。可穿戴的健身裝備可以實時檢測健康數據，及時通知醫生。

5G 還將幫助增強虛擬現實獲得發展，可以生產增強現實的

智慧眼鏡，實現移動虛擬現實。5G 設備將有助於使許多服務「智慧化」，例如幫助管理交通流量，以及告知衛生部門何時需要清空垃圾箱等。

業界也期待 5G 重塑製造業並允許該技術監控各種流程。

享受多快網速？

5G 網路由向設備提供網路覆蓋的基站組成。這些基站現在使用的信號塔可以覆蓋幾英里。如果 5G 要保持其技術承諾，所需的基站數量是巨大的。否則，用戶將被迫返回較慢的網路。

與此同時，運營商不得不投入數十億美元推出 5G。雖然大多數分析師認為運營商最終能夠為建設新網路提供資金，但最初 5G 基站可能不夠密集，無法支持一些最受期待的應用。沿著高速公路建立密集基站網路以處理自動駕駛車輛，需要投入很多資金，就是一個現實的例子。

所以，用戶享受的網速取決於其運營商運行 5G 技術的頻段，以及運營商在新的信號塔和發射器上的投資金額。

為什麼 5G 會帶來安全風險？

為什麼 5G 會帶來安全風險？第一個原因：更多數量的數據和更多類型的數據將通過 5G 網路傳播。傳感器傳輸的大部分數據都涉及敏感信息，包括商業競爭對手有興趣獲取的製造過程信息，或者個人和家庭的隱私信息等。這些數據都可能成為駭客的目標。

第二個原因：越來越依賴移動網路意味著，若中斷將給安全和經濟活動帶來更嚴重後果。遠程引導操作期間的故障可能導致患者死亡或自動駕駛汽車墜毀；更長時間的停電可能會擾亂經濟。這些均可帶來國家安全風險。

為何禁止華為設備進入 5G 網路？

美國長期以來擔心中國電信設備成為中共情報和軍事部門的特洛伊木馬。由於 5G 技術的特殊性，讓人們對於 5G 網路安全風險的擔憂也有所提升。

華為是 5G 網路設備的主要製造商，美國國防機構擔心該公司可能使其設備破壞美國軍事通信，或以其他方式在對抗中發動不對稱戰爭。

美國官員強調，美國對華為擔心的核心是，中共可能會迫使華為利用他們製造的電子設備進行間諜活動，破壞通信或進行其他類型的網路攻擊。一些官員還擔心，一旦發生戰爭，華為產品可能帶來可怕後果。

負責外國信號情報的澳洲信號局局長波格斯（Mike Burgess）表示，5G 的安全規則要求與早期電信網路不同，如 4G 或 3G 網路，華為設備只用於網路的外圍部分，被排除在核心之外。「但是，5G 網路中核心和邊緣之間的區別消失了。」

美國基本上禁止在國內網路中使用華為設備，澳洲、新西蘭、日本也是如此，其他國家也在跟隨美國，考慮採取措施限制華為產品。全球部分大型電信商也正在或考慮將華為設備排除在 5G 網路之外。

需要立即買 5G 手機嗎？

每一個智能新技術在問世前總是被大肆宣傳，但交付後可能會令人失望。4G 智能手機早期買家曾經歷過失望的過程：他們的手機可以快速處理數據，但通信網路還沒有擴大到能夠處理更大的數據流量。

2019 年即便各大電信服務商推出 5G 網路，5G（手機等）設備的選擇也將受到限制。首先，不要指望 5G iPhone 能夠立即在這些網路上運行。彭博社報導，蘋果要等到 2020 年才發布一款 5G iPhone。

在 2019 年，圍繞 5G 智慧手機將會有很多炒作，但對於大多數人來說，購買可能還為時尚早。

第二節

物聯網帶來時代巨變

物聯網時代，舉凡家庭、辦公、工廠智慧型環境，都須應用 5G 服務才能推動發展。圖為 2018 年 10 月 25 日新德里「印度移動裝置展」。（AFP）

物聯網將改變人類的生活模式

1995 年，比爾蓋茲在《未來之路》中，描述了他的智慧家居狂想；1998 年，美國麻省理工學院 Auto-ID 中心主任愛斯頓（Kevin Ashton）提出物聯網（Internet of Things，簡稱 IoT）一詞。簡單地說，IoT 就是讓所有能行使獨立功能的普通物體實現互聯互通的網路。

如果說我們現在處於互聯網時代，互聯的只是計算機，而且計算機的所有信息都需要人工鍵盤輸入或掃描讀取，而物聯網把我們身邊的所有物體，通過無線電裝置、寬頻網帶等，自動與電腦相連，電腦中心再通過電子元件實施各類偵測、識別、控制等，而且電腦中心通過大數據分析，可以預測和處理各類問題。

如果說互聯網顛覆了零售、教育、金融、旅遊與交通等各個

行業，那物聯網時代又將重新定義運輸物流、工業製造、健康醫療、智慧型環境（家庭、辦公、工廠）等產業的疆界。其中，智慧家庭領域進入門檻較低，競爭最激烈，而智慧運輸領域則是成長最快的，Tesla 等智慧車顛覆了汽車產業。物聯網也將顛覆金融產業，比如 AllState 保險公司利用汽車感測器蒐集駕駛人資料，能準確地判斷駕車風險高低，從而制定不同的保費。

1998 年 IoT 概念被提出，但直到 2007 年，iPhone 的出現才為物聯網拉開了序幕，因為手機是物聯網裝置的操控中樞，通過手機我們可以控制智慧車、智慧家庭等設備。這 10 年中各類感測器價格從 1.3 美元滑落到 0.6 美元，RFID 標籤（無線射頻識別技術）的價格也下滑到 0.1 美元。全球家庭 Wi-Fi 通訊協定覆蓋率已達 25%，更省電的 ZigBee 進入一般家庭。

比如，如果我們家的空調、冰箱、電飯鍋都通過 RFID 標籤、感測器和 Wi-Fi 與我的手機相連，我走出辦公室準備回家時，就可給我家的電子設備發出指令，它們會根據我回家時間以及路面交通情況，精準地、自動地把空調打開，把飯做好，假如冰箱裡雞蛋或牛奶、蔬菜快用光了，冰箱會自動生成一個購物清單，並自動發送到超市，到時超市就會自動送貨上門。假如身體裝置發現我的血壓升高，就會自動購買降壓食品或降壓藥。

物聯網開啓全新的商業模式

理想中的物聯網時代，各類電器都會變得「有意識」且善解人意，物聯網不僅讓我們的生活更方便，也帶來更多的安全。例如英特爾在物聯網論壇曾展示輸油管檢測系統，漏油時感測器會

發出訊號，可以避免氣爆事件重演。

據 Harbor Research 調查，2020 年將有 100 億個以上的連網物體，潛在商機超過 1 兆美元。

如今，全球科技巨頭都在搶奪物聯網高地。比如，Google 與蘋果在爭奪智慧車、智慧家庭、健康醫療等領域的客戶。但國際研究暨顧問機構 Gartner 預測，至 2017 年，50％ 的物聯網解決方案將源自創業三年以內的新創公司，因為他們善於以低成本的電子產品、3D 列印工具以及開放硬體，創造物聯網裝置。

與傳統的以及互聯網盈利模式不同，物聯網開創了很多新型商業模式。第一種是以數據資料為核心的模式，俗稱「羊毛出在狗身上，豬來買單」。例如 Nest Labs 與電力公司 Electric Ireland 達成協議，只要民眾和該電廠簽署兩年合約，就可以獲得免費的 Nest 溫控器，讓原本售價為 250 美元的溫控器變成 0 元。本來由民眾買單的 Nest 溫控器硬體改由電力公司買單，而電力公司則享有 Nest 使用者的用電大數據，這些數據能讓電力公司有效地節約發電。

第二種是產品即服務模式，透過軟體升級和大數據，提供更好的售後服務。例如奇異公司在波音 787 飛機的 GEnX 引擎中裝設感測器，記錄每次飛行數據，藉此提前一個月預知飛機引擎需要維修；智慧車商 Tesla 則透過 OTA（on-the-air）線上軟體升級，直接上門修復有問題的汽車，車主不需要跑維修廠。

第三種是產品共用模式，廠商擁有硬體產品，使用者依硬體使用量付費，知名案例：YouBike、Zipcar 等。

當然，物聯網的方便，是以犧牲人們的隱私為前提的，因為你的一舉一動都被各式儀器記錄下來，存放在資料銀行，然後被

打包成商品販售。另外，安全也成了關心的話題，而如何實施物聯網，就成了各國競爭的重點。

5G 將在物聯網時代大放異彩

由於物聯網有大量數據需要傳送，這就對網路的速度、帶寬提出了更高的要求。

第五代移動通信（5G）的高傳輸速度能在幾秒鐘就下載一個正規的電影，但這對無線網路的頻寬提出了高要求，同時，如何容納更多裝置連線也是研究重點。目前競爭主要分為兩大陣營：日韓為主的陣營強調是寬頻效能提升；而北美與歐洲則強調多裝置連線、非消費型與物聯網應用等。

PCMag 網站報導指出，2018 年 2 月平昌冬奧期間，韓國電信商 KT Telecom 利用 28GHz 頻段試辦了速度可達 20Gbps、延遲不到 1ms 的 5G 網路。KT 的 5G 測試內容包括用來追蹤越野滑雪的 Omni-View App、可提供第一人稱視角的 sync view、連網車展示、無人機傳遞聖火等。

第三節

華為 5G 在追趕中

雖然華為能製造小型芯片組，但並不占據這一市場的主要地位。圖為華為消費者業務 CEO 余承東展示首款 5G 商用晶片。（AFP）

5G 標準基本確定 中國仍在追趕

　　關於 5G，過去很長一段時間人們普遍認為這是中國和美國之爭，更具體一點則是華為和高通之爭。這種言論在 2016 年底華為主推的 Polar 碼被 3GPP 會議上決議成為 5G eMBB 場景的控制通道編碼方案後，更是甚囂塵上，國內無論是媒體還是公眾都一致歡呼「華為拿下 5G」。

　　而自從中美貿易戰開始以來，尤其是美國商務部對中興啟動禁售令以來，這種言論忽然偃旗息鼓了，很少再有人提起，甚至華為也刻意迴避「與美國競爭」這樣的說法。

　　5G 標準由一個複雜的體系組成，包括了基帶、控制、空口協議等等。在這個體系中，國家標準化組織、網路運營商（比如中國移動、NTT Docomo、Verizon）、設備製造商（比如高通、

愛立信、華為、三星、Intel）等參與者都貢獻了一定的標準。

比如在 5G 新空口協議上，全球累計聲明標準專利總數高達 5124 項，其中，華為以 1481 項聲明專利排名第一，愛立信以 1134 項聲明專利排名第二，三星以 1038 項標聲明專利排名第三，體現了華為在網路空口協議上的優勢。

而高通則在基帶和控制上的專利優勢比較明顯，畢竟高通擁有壟斷性專利優勢的 CDMA。總體而言，在 5G 專利擁有數量方面，高通占據 15％的專利，三星擁有 13％，諾基亞也坐擁 11％，愛立信擁有 8％，而以華為、中興等為代表的國產廠商，合計獲得了全球 5G 基礎專利數量超過 20％。

但是，雖然高通在 5G 專利的數量上並不是占據絕對優勢的地位，但在專利的質量上，不能否認，高通還是處於霸主的地位。因為 5G 的專利分為必要標準專利和非必要專利，高通手握的 15％的專利很多都是必要標準專利，而華為等中國廠商手握的 20％的專利很多都是非必要專利。兩者最主要的區別在於，必要專利是無法繞過的，要實現組網必須要用到，而非必要專利是可以繞過的，沒有它也可以。舉個例子來說，我們建一棟大樓，鋼筋、水泥、磚頭是必要的基礎專利，而至於樓裡用什麼樣的電梯，甚至屋子裡用什麼樣的窗簾，這些就是非必要專利。

正是由於高通在 5G 必要專利上的霸主地位，它制定了其 5G 專利費標準——完全使用高通移動網路核心專利：單模 5G 手機收取手機整機售價的 2.275％，多模 5G 手機（3G/4G/5G）收取 3.25％；非完全使用高通移動網路專利：單模 5G 手機收取 4％，多模 5G 手機收取 5％。這樣來算，目前大陸手機廠商大部分都要交 5％的「高通稅」，預計將超過 30 億美元，而蘋果一年繳納

的「高通稅」高達 20 億美元。

2018 年 6 月 14 日，第五代移動通信（5G）獨立組網標準正式凍結，這意味著 5G 完成了第一階段全功能標準化工作。5G 第一階段標準實現了對「增強移動寬帶」（eMBB）和「低時延高可靠物聯網」（URLLC）兩種重要場景的支持，剩下的一個場景「海量機器類通信（mMTC）」的網路標準要等到 2019 年 12 月才能確定。但前兩個場景基本上實現了所有 5G 的新特性和新能力。

那在第一階段的 5G 標準中，中國擁有多少控制權？

在「增強移動寬帶」（eMBB）場景的網路介面協議，早在 2016 年凍結的非獨立組網的 5G 標準中已經進行了明確——美國運營商和企業（主要是高通）主推的 LDPC 碼被採納為 5G eMBB 場景的數據通道的數據通道編碼；中國通信企業（主要是華為）主推的 Polar 碼被採納為 5G eMBB 場景的控制通道編碼方案。

需要指出的是，Polar 碼不是華為提出的，只是華為在 Polar 碼的研究上比較深入，擁有的專利比較多，畢竟華為在這上面花了八年時間和數十億美元的研究投入。

在當前已確定的 5G 標準中，中國的主導權有多少了？「我們很難說『中國已經處於領導地位』，甚至我們也很難說『與美國平分秋色』，事實是，中國仍然走在追趕的路上。」搜狐科技這樣評論說。

若無美國技術 華為很難發展

美國智庫國際戰略研究中心（CSIS）副總裁、資深網路安全

研究員詹姆斯・路易士（James Lewis）撰寫的報告指，各國對華為、中興的 5G 開發保持警惕，並非害怕競爭、被中國超越，而是因為中共對內監控民眾的事實，讓各國無法緩解中國電訊企業帶來的真實間諜風險。

路易士在最新研究報告《5G 將如何塑造創新和安全——入門書》（How 5G Will Shape Innovation and Security: A Primer）中，詳細介紹了 5G 重要技術背後的企業排名、技術之間的複雜關係，以及中共目前發展 5G 在技術上遭遇的卡脖子情況。

5G 涉及的設備廣泛，核心組件大致包括八個：小型天線列陣、數據轉換器晶片、小型晶片組、乙太網交換機晶片、小型功率放大器、網路處理器、「現場可編程門陣列」（FPGA）、服務器。在這些核心組件中，歐美企業，尤其是美國大科技公司是 5G 技術發展和部署上最有力的參與者；同時，在天線列陣、數據轉換器和 FPGA 等核心技術方面，更可能卡住華為和中興的脖子。

目前，天線陣列技術是歐盟的 Alpha Wireless 與愛立信最強，隨後是美國的 Galtronics。數據轉換器晶片就只有兩家美國公司獨占鰲頭，分別是德州儀器（Texas Instruments）以及 Analog Devices。

路易士的報告尤其指出，中共曾試圖建立自己的數據轉換器，但沒有成功，這可能是未來中共卡脖子的技術之一。

再次，低噪聲功率晶體管和功率放大器也是另一個關鍵部件，可用於放大小型天線接收到的信號。這一領域也幾乎被四家美國公司以及一家歐盟公司壟斷。

在 5G 的具體應用上，小型天線還需要「現場可編程門陣列」（FPGA）來連接基帶單元和傳輸網路，而 FPGA 的兩家主要供

應商都來自美國，分別是英特爾以及賽林恩（Xilinx）。

最後，這些許多的組件將組合成「晶片組」。從小型晶片組的製造商來看，雖然有一家中國企業係華為所有，但其餘都是美國的高通、英特爾和 Cavium，以及歐盟的恩智浦（NXP）和愛立信。華為並不占據這一市場的主要地位，同時，美國、歐洲和日本公司在這些晶片組的零部件供應方面都已經占據主導地位。

「在 5G 關係網中的大部分模塊裡，美國和歐盟仍占據主要份額。」路易士的報告總結說，不容忽視的是，美國和歐盟也必須在某些方面面對中國公司的挑戰。

美國晶片製造商博通對華為的 5G 目標尤其重要，它提供支援電信網路的網路處理器。華為的 5G 基站是連接移動網路的信號處理中心，採用 FPGA。

路易士表示，5G 供應鏈具有複雜的內部關聯性，目前的情況就是，沒有關鍵的美國組件，中國的 5G 生產就無法運作，但美國的關鍵組件又在使用中國產的部件。

另外有資料顯示，華為很多設備的關鍵原件，有 40％來自美國進口，一旦特朗普總統宣布對華為實施出口禁令，那華為也就垮了。

官方推進 大陸物聯網發展迅速

由於中共把物聯網相關產業列入國家重點扶持的 2025 規劃，因此，中國物聯網的應用方面發展比較快。

科技新報報導了拓撲產業研究院對日本、美國、中國、韓國在 5G 應用上的發展情況。

早在 2015 年，中國電信的物聯網連接數僅為 98 萬戶，然而只用了短短兩年，這個數字就增長了 45 倍，在 2017 年達到 4430 萬戶。在 2017 年初，中國移動內部曾預計，全年的物聯網連接數量將淨增 6000 萬至 7000 萬，然而最終的完成情況，卻是淨增了 1.1 億。

截止 2017 年底，中國聯通的物聯網平台也接入了近 2 萬家行業客戶，目前月增長超過 400 萬。這還僅僅只是開始。預計到 2020 年，物聯網連接總數將超過人的連接數。人們相信，在未來 10 年至 15 年內，每一個人的連接，都將撬動數十個甚至上百個物理連接。這些天文數字的物聯網設備，將讓傳統行業之中，許多幾十年都沒有解決的老大難問題迎刃而解。

比如在香港，空調通過物聯網獲得大量數據，連到雲上，通過人工智慧就能更有效的節約能源。香港機場一年的耗電花費高達 3 億港幣，節約 15％就意味著節省了 4500 萬港幣的真金白銀。

2018 年 5 月，據中共官媒報導，中國電信福建公司積極推進物聯網在市政工程、社會民生、公共安全等諸多領域的應用，率先在福建建成了首張全覆蓋窄帶物聯網（NB-IoT）網路。「城市井蓋破損、井下水位變化信息自動實時獲取，取代人工巡查；出門在外，用手機就能與家裡的訪客視訊對講、解鎖門禁；家中發生火情，第一時間將警報傳送至業主及消防部門⋯⋯」

2018 年 4 月，浙江在線報導了坐落於蕭山聞堰街的一個安置房小區——相墅花園小區，擁有浙江首個「8+N」智慧安全平台系統，包括智慧消防系統、智慧租房管理、智慧物業系統、智慧門禁系統、車輛自動識別系統、人臉識別系統、視頻監控系統、智慧社區服務系統等。

國開行貸款加低價 華為全球擴張

華為不光在國內大力推廣 5G 物聯網，在海外也大力擴張。大陸媒體匯整如下：

1998 年，華為開始向歐美市場進軍，並且在 2001 年與俄羅斯國家電信部門簽署上千萬美元的 GSM 設備供應合同。

2003 年，華為在獨聯體國家的銷售額超過 3 億美元，位居獨聯體市場國際大型設備供應商前列。

2005 年，華為與英國電信簽署具有里程碑意義的正式供貨合同，並且其海外的銷售合同首次超過國內。

2008 年，華為在北美大規模商用 UMTS/HSPA 網路，為加拿大運營商 Telus 和 Bell 建設下一代無線網路。

2009 年，北歐電信運營商 TeliaSonera 宣布簽署了兩項 4G LTE 商用網路合同，中國華為和瑞典愛立信將在歐洲建設 LTE 移動寬帶。

2011 年，華為與英國最大移動運營商 Everything Everywhere（簡稱 EE）簽署合同，全面升級 EE 在英國的 GSM 2G 網路。

2014 年，華為在全球建立 9 個 5G 創新研究中心，480 多個數據中心，加入全球 177 個標準組織和開源組織。

2015 年，華為與歐洲運營商共同建設了全球首張 1T OTN 網路，與英國電信合作完成業界最高速率 3Tbps 光傳輸現網測試。

2016 年 6 月 22 日，華為和西班牙電信在深圳簽署了 5G&NG-RAN 聯合創新協議。這是雙方繼 2015 年 11 月 5 日於香港簽署戰略備忘錄之後，在 5G 領域的進一步合作。

2016 年 12 月 6 日，烏克蘭移動運營商 LIFECELL 與華為、

愛立信兩家公司簽署開發烏克蘭第五代移動通信合作備忘錄。

2017 年 2 月，奧地利 T-Mobile 與華為簽署了為期五年的戰略合作協議，基於 4.5G 技術進行網路的端到端升級，在 WTTx（Wireless To The x）等業務上展開更緊密的合作。

2017 年 3 月 1 日，巴塞羅那世界移動大會上，華為聯合德國最大的移動網路服務提供商德國電信，展示了基於全面雲化的 5G 端到端網路切片技術。

2017 年 4 月 14 日，印尼 Telkomsel 宣布與華為攜手完成印尼首個 FDD Massive MIMO 測試，正式拉開了印尼 Telkomsel 網路向 5G 的演進之路。

2017 年 7 月 3 日，華為宣布與阿曼電信公司合作，部署中東地區首個 G.fast 網路。華為將提供技術支援，協助阿曼電信公司引領中東地區邁入 5G 時代。

2017 年 11 月，沃達豐 Vodafone 聯合華為在米蘭完成了在意大利的首個 5G 新空口連接測試。

華為在海外奪標，不是因為其技術先進，而是報價很低。比如說，一個工程，美國公司報價 2 億美金，華為的競爭對手中興報價 3000 萬，而華為只報價 800 萬。

華為低價競標，早在 2008 年中國電信 CDMA 網路設備招標中就曾經震動各界，一個 100 多億的項目，華為只報價 6.9 億元，被大陸媒體稱為「地獄瘋狂價」。華為的野心是想與中國電信捆綁在一起，為了日後謀發展。

時事評論員陳思敏在《國開行助推華為全球擴張的背後》一文，剖析了任正非與江澤民、陳元的特殊關係。

文章稱，2005 年是華為的一個分水嶺，當年度，華為來自海

外市場的營收已經超越了國內營收。到了 2008 年，華為銷售額的 75％都來自中國以外的市場。

原因是，2004 年中國國家開發銀行（國開行）同意向華為的海外客戶提供 100 億美元的信貸額度，到了 2009 年，這一信貸額度提升至 300 億美元。

背靠國開行 300 億美元授信額度，華為「賣方融資」的採購合同，為海外客戶提供了「巨額、低息、長期」的貸款，買方自己不出錢，這讓華為的出價無人可比。

踩著「六四」血跡上位的江澤民，政治上回報當年陳雲在鄧小平面前保護了江，於是 1998 年由陳雲之子陳元出面組建了國開行，在成立之初即被確立為正部級機構，而當年央行還只是副部級機構。

國開行助推華為全球擴張，源於任正非與江澤民、陳元的特殊關係。

國開行幫華為客戶出錢購買華為設備，任正非給了陳元多少回扣，外界不得而知。這裡面當然也有中共官方對華為這個間諜特務機構的財政扶持。

華為把 5G 當成武器 攻擊他國

華為雖然依靠低價格、低成本，搶占了中共「一帶一路」所經過國家的部分 5G 業務，但移動通信是國家信息安全的重要基石，相比於價格，安全才是第一位的。

所以，5G 之戰不僅僅是一場企業的巔峰對決，更是一場沒有硝煙的國家利益的博弈。由於華為的中共軍方背景和已經發現

的間諜行為，很多國家擔心它會配合中共特務機構監視客戶，一旦使用它的設備或產品，會帶來國家安全威脅。

美國《華爾街日報》2018 年 12 月 8 日報導稱，美國長期以來一直試圖阻止華為的擴張，因為種種跡象表明華為對美國國家安全構成嚴重威脅。對華為的擔憂變得至關重要，因為無線服務即將升級到 5G 技術，這將使許多硬體設備連接到互聯網上。與電腦和手機等相比，很多聯網設備的安全措施不夠，更容易遭受駭客攻擊和操控，從而帶來更嚴重的安全問題。

與個人和家庭遭受的威脅相比，工業物聯網面臨的問題更大，因為工業物聯網的節點永遠在線，被木馬控制的機會更大。被操控的殭屍物聯網會自動搜索聯網節點，永不停息的搜尋路由器、信號燈、物聯網設備的安全性漏洞。

《華爾街日報》報導中提到，目前網路的蜂窩塔設備很大程度上與核心系統隔離，這些系統可以傳輸大部分網路語音和數據流量。而 5G 技術中蜂窩塔硬體將代替核心系統接管任務，這意味著這種硬體如果被武器化，可能會破壞整個網路。

美國國會下屬的美中經濟與安全審查委員會（USCC）在 2018 年的調查報告中說，中共已經將「對物聯網漏洞的利用」武器化。

目前電腦操作系統由微軟和蘋果壟斷，移動設備則是安卓和 iOS 兩大陣營，中共很難插手。但物聯網是個新興事物，中共正在極力切入。目前阿里巴巴和華為這兩大巨頭都在力推各自的物聯網操作系統。

USCC 報告披露，2018 年 3 月份「中國標準 2035」計劃已經正式在中國工程院啟動，中共試圖從中國的內需市場建立產業生

態系，制定自己的技術標準，然後通過「一帶一路」推向全世界。其中包括，中共正積極地在物聯網領域的「國際標準制定委員會」中尋求更大影響力。

報告陳述了中共在過去 10 年大舉投資物聯網技術，並試圖藉此攻擊軍事與民用目標。報告總結，中共試圖控制物聯網的舉措，威脅著美國國家的安全和經濟利益，因此敦促美國政府就此威脅提出解決之道。

美國政府公開表示，反對華為是因為這家公司可能讓北京在國外成為「老大哥」。一些美國官員擔心，一旦發生戰爭，華為產品可能帶來的後果。比如，如果發生中美南海武裝衝突，北京可能會要求華為中斷或破壞在一個機場或其他戰略位置的通信，還可以通過士兵的個人手機收集有關基地運作的情報。

美國官員強調，華為問題在美中關係中，是一個獨立於貿易戰的國家安全問題。美國擔憂的核心是，中共可能會利用華為的電子設備進行間諜活動，破壞通信或進行其他類型的網路攻擊。

外交部被打臉

2018 年 12 月 10 日，就在孟晚舟被加拿大法庭宣布可以保釋的前一天，在中共外交部例行記者會上，發言人陸慷表示，已經有 20 多個國家的企業已經與華為簽署了 5G 商用合作，他們分部在歐洲、中東、亞洲和美洲，包括：西班牙、烏克蘭、奧地利、德國、意大利、法國、瑞士、英國，土耳其、俄羅斯、馬耳他、摩納哥、拉托維亞、葡萄牙、黎巴嫩、阿聯酋、阿曼、科威特、中國（包括香港）、印尼、巴西簽訂商業合作。

但是，陸慷話音剛落，英國、法國就宣布禁止華為參與本國的 5G 建設。這無疑讓中共很失顏面。

目前華為在法國市場銷售智慧手機和網路設備，如天線、路由器和虛擬網路軟件等。2017 年，歐洲、中東和非洲貢獻了華為總銷售額的 27%，是美洲地區（6.5%）的四倍多。

2018 年 11 月，任正非的二女兒 Annabel Yao 在巴黎參加了世界名媛舞會。一向低調的任正非卻高調接受法國媒體採訪，法國著名的時政類新聞周刊《巴黎競賽畫報》為其刊登了六頁相關內容。

然而，華為的軟外交還是失敗了。

據彭博社 12 月 14 日報導，法國總統馬克龍要求大幅加強網路監管，目前法國正在通過修訂法律和監管規則（許多是保密的），將華為排除在該國電信基礎設施的部分建設之外，儘管此前法國已為電信網路的關鍵零部件設置了很多防範措施。

另外，英國最大通信營運商英國電信（British Telecom）已經宣布將華為排除在 5G 網之外，並在兩年內將該公司 4G 移動網路核心中所有華為的設備拆除。

據路透社報導，華為與英國當局的關係從 11 月起降至冰點，當時在一場華為高管與英國國家網路安全中心（NCSC）的會晤中，一名英國高級官員由於華為無法解決產品安全性漏洞問題，退出該會議。

BBC 12 月 14 日報導稱，英國議會下院外交事務委員會議員敦促英國大學接受華為資金時要「特別小心」。目前華為同意向包括劍橋、牛津、曼徹斯特和約克等大學投入 600 萬英鎊的科研資金，但英國安全與情報研究中心認為，華為在英國高校贊助研

究是「軍工行動」。

華為在德國也面臨更嚴格審查。美國之音報導稱，歐洲最大電信公司德國電信 12 月 14 日也表示，該公司對國際上有關中國網路設備安全性的討論十分重視，正在重新審議公司的網路產品供應商策略。

德國電信是華為最大的客戶之一，目前在成千上萬的電話信號塔中使用了華為產品，並在雲端產品的核心網使用華為的技術。

儘管 2018 年 3 月，《紐約時報》還稱「5G 時代大幕將啟，華為瞄準領袖地位」，但隨著孟晚舟的被抓，華為已經基本上被西方國家所拋棄，誰敢貪圖便宜而冒險把整個國家的安全委託給一個流氓間諜公司呢？

現在，華為做夢也不敢想成為「全球 5G 領袖」了，最多只能在中共勢力範圍內撈錢而已。

第八章

波蘭涉諜 孟晚舟慘了

2019 年 1 月 11 日，華為在波蘭的銷售總監王偉晶被波蘭政府以間諜罪的指控逮捕。這個間諜指控，對華為來說，比孟晚舟事件還要可怕，恐怕會是一個滅頂之災。

孟晚舟（左）和王偉晶（右）同是華為員工，受到的待遇卻有天壤之別。
（AFP）

第一節

波蘭高管涉諜
加副總裁離職 華為成雷區

華為在波蘭的中國籍銷售主管王偉晶，因涉嫌代表中共進行高級別間諜活動，被波蘭當局抓捕。（新紀元合成圖）

波蘭以間諜罪逮捕華為高管

2019 年 1 月 11 日，波蘭國家情報機關發言人扎瑞（Stanislaw Zaryn）在推特上宣布，波蘭政府最近逮捕了一名華為公司員工和一名當地安全部門前負責人，兩人均已被指控間諜罪。

起初波蘭政府並未透露被捕中國公民的身份，稱其為「一家大型電子公司的銷售主管」，而另一位被捕的波蘭人「在網路服務圈中頗有名氣」。扎瑞將這個推特轉發了美國 CIA、FBI、國務院等在內的六個部門，好像是完成任務後的交差回執一樣。

當日，波蘭國營的電視台 Telewizja Polska 表示，波蘭反間諜機構的官員 1 月 8 日搜查了華為辦公室和兩名嫌犯的住所，帶走

了一些文件和電子數據。

這名華人高管被波蘭政府指認名叫王偉晶（Weijing W），另一個名字叫 Stanislaw Wang。並被確定是中共頂級情報學校之一、北京外國語學院的畢業生，曾經是中共駐波蘭港口城市格但斯克（Gdansk）領事館的前雇員，自 2011 年開始在華為工作。

作為同案調查的一部分，波蘭安全局還拘留了一名自己的前領導人，這個名叫 Piotr D（Piotr Durbajlo）的波蘭公民，是該機構 IT 安全部門的前副主管，目前為法國的通訊公司 Orange 波蘭公司工作。

波蘭特勤局副局長瓦錫克（Maciej Wasik）告訴波蘭通訊社，Piotr D 曾經負責波蘭政府加密通信網路的運作，作為高級情報官員，他有權獲取關鍵信息，包括允許向國內最重要人士傳達祕密信息的內部政府系統。

Maciej Wasik 還表示，針對兩人的這一逮捕行動已經準備了「很長時間」。

《華爾街日報》報導說，波蘭是華為在歐洲的「大本營」，華為自 2004 年進入波蘭市場。2008 年，華為將服務中東歐、北歐 26 個國家和地區業務的華為東北歐地區部設立在波蘭華沙。

兩人已於 1 月 8 日在華沙被捕，若罪名成立，兩人刑期可達 10 年。

這是繼華為高管孟晚舟之後，又一名華為職員因涉嫌違法被捕。2018 年 12 月 1 日，華為首席財務官孟晚舟在加拿大轉機時被捕，理由是她涉嫌違反美國出口管制向伊朗出售敏感科技。目前，孟晚舟已獲取保候審，美國正在試圖引渡她。

間諜罪如坐實 華為面臨滅頂之災

　　中國經濟觀察人士秦鵬認為，波蘭安全部門的這個間諜指控，對華為來說，比孟晚舟事件還要可怕，恐怕會是一個滅頂之災。

　　「目前，西方國家沒有公布華為參與盜竊情報的直接證據，儘管零零散散的有華為參與實施通信系統的非盟總部數據被半夜傳回上海服務器、日本稱華為設備有多餘的部件這樣的消息報導，但是看起來西方並沒有抓到華為的主要證據。所以，甚至是美國的一些盟友，包括德國、加拿大等，都對美國要求他們禁用華為 5G 設備猶猶豫豫。現在這個間諜罪名一旦被坐實，對華為來說，無疑會是滅頂之災。」

　　「孟晚舟事件只是涉及華為對伊朗和敘利亞違反禁運令，而波蘭則是間諜案，這個罪名要嚴重的多，相當於坐實了西方長期聲稱華為是中國政府情報代理機構的指控，可能遭到西方國家對它的全面抵制。這意味著，恐怕不僅是 5G 設備，連華為其他通訊設備包括手機、基站、路由器等都會遭到西方國家封殺。甚至，美國等供應商所在國可能因此對華為進行核心技術和部件的禁運，華為面臨停擺。」

　　目前被捕的二人均否認對他們的指控，並且拒不回答問題。

　　事發後，華為公司發言人表示：「華為意識到了這種情況，我們正在研究它。」他還堅稱，華為公司遵守其業務運作的各個國家適用的所有法律。Orange 也拒絕對該事件評論，但是證實該名波蘭籍嫌犯的辦公室被搜查，其物品被帶走。

　　秦鵬認為：「一般來說，對於這種超級公司和背後主要國家

的指控，相關政府會非常謹慎，特別是波蘭也不是大國，會尤其慎重。所以波蘭安全部門應該是經過了長期的跟蹤調查、獲取了足夠證據之後才動手。華為這次恐怕是在劫難逃了。」

華為一直是在歐洲和世界其他地區設計下一代移動網路 5G 的主要競爭者，但其擴張計劃一再因安全問題受到西方一些國家的狙擊。目前，除了美國之外，澳洲、英國、捷克共和國、日本和新西蘭也採取措施限制華為設備的使用，並限制該公司在 5G 開發中的作用。

華為過河拆橋 火速切割

與傾力營救的孟晚舟不同，王偉晶出事的消息剛出，華為已經「未判先審」，先與王偉晶極力切割了，儘管波蘭政府還沒有認定兩人真的有罪。

第二天 1 月 12 日晚間，華為官方發公告指：「華為波蘭代表處員工王偉晶係因個人原因涉嫌違反波蘭法律而被逮捕調查，該事件對華為全球聲譽造成不良影響，依據公司勞動合同相關管理規定，華為決定立刻終止與王偉晶的僱傭關係。」

孟晚舟和王偉晶同是華為員工，受到的待遇卻有天壤之別。華為在拋棄尚未認罪的王偉晶一事上，速度之快，態度之決絕，甚至超出正常企業的做法，令人感覺不尋常。

據波蘭媒體報導，Weijing W.（王偉晶）畢業於北京外國語大學，該學校與中共外交和情報部門有關係。後曾留學波蘭羅茲大學學習波蘭語。從 2006 年起，他在格但斯克（Gdansk）的中共總領事館工作。2011 年進入華為並被派往波蘭工作，負責該公

司在波蘭的公共關係以及與外交使團的聯繫。2017 年成為華為的銷售總監，主要向當地政府、公營部門和公共機構推銷華為產品。

有波蘭媒體將北京外國語大學報導為中共「情報學院」。事實上，中國的許多外語學院因為負責為官方培養駐外官員，因此也同時承擔起挑選少數「精英」培養成駐外情報人員的任務。

而同案被捕的波蘭公民皮奧特（Piotr Durbajlo），是曾任職於波蘭安全局的高官，直至 2011 年才離職。據稱，Piotr D. 在 2011 離職原因被指與政府 IT 招標中貪污有關，然而他當時未被控告。自 2017 年起到這次被捕前，Piotr D. 在法國電信運營商 Orange 駐波蘭辦事處任職。隔年 2018 年，華為和 Orange 兩家公司曾洽談合作發展波蘭 5G 網路。

時事評論員周曉輝表示，目前王偉晶尚未認罪，但華為卻迫不及待終止雇傭關係，說實在不太厚道，有違華為「道德遵從委員會」在美國聽證會上宣稱的，該組織主要功能在提供員工關懷，敦促員工遵守職業道德、遵守業務所在國的所有法律法規等。華為「道德遵從委員會」，即華為公司的黨委，海外各個分公司、代表處都有設立。

有趣的是，中共駐波蘭大使館網站 1 月 12 日發表聲明為王偉晶辯護指，「中方堅決反對在缺乏事實依據的情況下刻意抹黑、無端捏造」。並稱，中共駐波蘭使館將繼續關注此事，「全力保護中國公民的正當、合法權益」。

前一刻大使館剛剛聲明不承認王偉晶的犯罪，但隨後就被華為的聲明打臉了。華為聲明開門見山表示王偉晶涉嫌犯罪，對其進行開除處分。這等於告訴公眾，華為已經幫助波蘭政府推斷王偉晶有罪了，與孟晚舟的事情相比，這個雙重標準很明顯。

間諜活動也許針對 Orange 手機監控

中共外交部也對此事做出了回應，不過僅僅表示「高度關切、保障當事人的合法權益」，也就是未如孟晚舟一樣，數度強調「指控不實」、「立即放人」。倒是中共喉舌《環球時報》總編胡錫進在個人微博中聲稱：波蘭的電子產品賣到中國，都得「秤斤賣」，波蘭有什麼值得華為的人去偷的？

這倒提醒了人們，也許王偉晶與 Piotr D. 的間諜活動，不只針對波蘭政府，兩人是華為員工勾結 Orange 員工，法國電信巨頭 Orange 覆蓋整個歐洲，假如他們針對 Orange 下手，那全歐洲可能都處於中共隱蔽戰線的風險中。

文章最後說，華為還有多少中共外交官充當其海外公司高管？或者是說中共安插了多少「王偉晶們」在全球各地的華為公司？

我們不妨猜測一下，假如 Piotr D. 曾向波蘭首領和高級官員推薦 Orange 手機，隨後，王偉晶讓華為技術員幫 Piotr D. 給這些手機動了手腳，比如加上了竊聽、監控功能，那王偉晶就能幫中共隨時監控波蘭高官們的一切手機通話。難怪波蘭指控王偉晶與 Piotr D.「幫中共謀取利益」。

手機監控這在大陸是常見的特工手法。周永康不就是以此監聽胡錦濤和習近平的嗎？

日本《產經新聞》1 月 11 日報導，由於華為近年來被多個國家指控為中共搜集情報，因而遭到包括美國、日本、澳洲等國家的抵制，歐盟委員會和捷克政府也都公開宣布禁用華為設備。然而，以間諜罪抓捕華為高管的行動，首先出現在與北京比較友好

的波蘭，很可能對華為在海外的業務帶來嚴重的信任危機。

按照慣例，一旦有中共的海外間諜被當地政府抓獲，北京當局一般都會「撇清關係」。2018 年 10 月 10 日，美國將在歐洲抓捕的中共江蘇情報官員徐燕軍引渡到美國受審，中方回應是江蘇官方「查無此人」。

這次華為也是採取了類似手法，把罪過歸到個人身上，撇開與華為的關係，同時採取開除的方式，把王偉晶推到了一邊。

華為加國副總裁突然離職 總裁被打臉

在波蘭媒體報導逮捕王偉晶的當天（2019 年 1 月 11 日），華為加拿大公司負責公共事務的高級副總裁斯科特·布蘭得利（Scott Bradley）宣布辭職。

路透社報導，斯科特·布蘭得利（Scott Bradley）在 LinkedIn 的一篇文章中透露他已從華為加拿大公司事務方面的高級副總裁離職，並表示：「我們從 2019 年開始，現在是改變的時候了。」但他沒有說明離職的原因。

華為加拿大總裁李紅波（Eric Li）在給工作人員的備忘錄中證實了布蘭得利的離職，並說，布蘭得利在需要的時候擔任該公司的特別顧問。

另據英文媒體 Globe News 報導，布蘭得利在加拿大電信界頗有資歷，曾擔任貝爾傳媒（Bell Media）高管，以及「5G 加拿大協會」主席。這個全國性的貿易團體目的是為了促進 5G 高速無線技術的普及。他還有一些政界背景，曾在 2011 年大選中以自由黨候選人身份參加競選。

華為是加拿大電信設備的主要供應商。2011 年布萊德利加入華為加拿大公司。他在公司工作近七年，職務是高級副總裁，並擔任公司的主要發言人，以及負責對政府的溝通。

在華為任職期間，布萊德利試圖為該公司在加拿大創造良好的聲譽，並消除外界對華為的擔憂。他的具體工作包括：對加拿大政府展開遊說活動，接觸國會議員，以洗脫可能威脅加拿大國安的嫌疑。

2018 年 12 月 1 日，加拿大當局應美國要求逮捕華為總公司首席財務官孟晚舟，自此，華為在加拿大乃至全球一直受到關注。隨後，中共當局抓捕兩名在華加拿大公民，包括一名前加拿大外交官康明凱，自此中加關係趨於緊張。

布蘭得利曾經在華為公主孟晚舟美國引渡聆訊時出現於法庭，親眼見證孟晚舟聆訊結果。外界猜測布蘭得利所說的「改變」可能是要撇清與孟晚舟的關係。

華為加拿大公司總裁李紅波在 1 月 10 日曾發聲明表示：不能、也不會允許中國政府闖入由其技術支持的無線網路，永遠不會為中國政府充當間諜。不過第二天，華為中國籍高管王偉晶（Weijing W.）在波蘭由於涉嫌間諜指控被捕。李紅波馬上被打臉了。

李紅波這番話，要麼是自己騙自己，要麼是有意騙他人。

因為根據美國政府的調查報告，華為和中共軍方、國安部關係密切。有華為前員工透露，華為內部人事管理都遵照中共國安系統的制度。

另外，按照中共的《國家安全法》，任何中國公民、中國企業都有義務配合國家安全部門的調查，也就是說，中共國安讓華為做什麼，華為就得做什麼，這是中共法律規定的。更何況任正

非曾任中共軍方團職軍官，華為前董事長孫亞芳曾長期在中共國家安全部任職，外界懷疑華為有軍方、國安背景。

華為海外高管出事 引發的骨牌效應

周曉輝認為，王偉晶涉諜被抓，與布蘭得利的離職，不光在時間上巧合，而且背後還存在一定關係。

作為華為駐外高管，布蘭得利的辭職應提前一兩個月就做出了，得給公司交接緩衝的時間。「儘管他並未給出辭職理由，但自 2011 年起開始擔任華為加拿大公司的主要公關發言人，並負責與加拿大政府溝通的布蘭得利，內心一定知道華為的不當行為，在捍衛華為利益和維護個人名譽間產生衝突也是不難想像的。

或許，在其之前另一個華為加拿大公司高管辭職的原因，可以解釋布蘭得利的舉動。在 1 月 12 日澳洲自媒體妄議熱線節目中，一個來自加拿大的華人曝料稱，2017 年華為加拿大公司銷售董事辭職，跳槽到了諾基亞公司，他也是加拿大人。一次兩人聊天時，這名華人就詢問了他辭職的原因。這名銷售董事表示，原因是他代表華為與一些加拿大公司簽署了合同，在簽完合同後，華為就對這些公司的產品進行抄襲仿製。為了未來自己的名譽不受損害，他選擇了辭職。布蘭得利的辭職理由大概與此類似。

這兩名外籍華為高管的辭職，一方面表明華為的抄襲或者其他行為與西方社會格格不入，已讓他們所不齒，他們已經意識到了，如果再深陷其中，將來很可能要承擔相應的責任，至少名譽上要受到損害。一旦名譽受損，再想在西方社會立足就會相當困難。而這也間接證明華為究竟是怎樣的一間依靠剽竊上位的公

司，足以引起世界的警惕。」

　　儘管華為為了標榜自己的清白，說會公布軟件的源代碼，但網路安全專家奧黑金斯（Brian O'Higgins）告訴 CTV 新聞：「如果一個政府有動力做某事（指間諜活動），就會在設備中安置後門……即使你有權訪問源代碼，並在數周或數月清除後門，但如果（中共）刻意隱藏某些東西，任何人都不可能找到。」

　　除了拘捕王偉晶外，波蘭政府正考慮將華為排除於該國信息科技市場之外。波蘭內政部長布魯津斯基（Joachim Brudzinski）表示，歐盟和北約應該就是否將華為排除在市場之外的問題達成共識。

　　挪威司法部長 1 月 9 日表示，挪威正在考慮加入其他西方國家，將華為公司排除在該國新建的 5G 網路基礎設施之外。

　　任正非曾講過，美國的公司，守法已經成為一種習慣，華為沒有形成這種習慣，因此，「溝通成本很高」。所謂「溝通成本」，就是行賄或變相行賄的成本。通過這些「溝通成本」，華為可以做他們想做的事，但前提是違法亂紀。

　　也就是說，在華為工作的高管或技術骨幹，心裡都有一本帳，自己哪天幹了哪些違法的事，他們自己知道，但對方和情報部門也知道。王偉晶和布蘭得利出事，其實是給其他人敲響了警鐘：不要貪圖那點高工資，不要再為華為賣命了，一旦出事，就會被華為拋棄，還不如趁早脫身。

　　相信這種骨牌效應會不斷擴大，即使波蘭最後不起訴王偉晶，也會有很多華為人清醒過來，畢竟越往下走，華為的生意會越不好，西方主要國家都要禁止華為，華為的業績主要就靠海外業務，一旦海外受損，華為就只會日落西山了。

第二節

伊朗敘利亞公司文件曝光
孟回國無望

華為透過空殼公司 Canicula 在敘利亞發展業務；以星通作為與伊朗交易的掩護，而孟晚舟的虛假陳述欺騙多家銀行批准了多項違反制裁的交易。（大紀元資料室）

　　華為首席財務官孟晚舟案爆出新線索，路透社 2019 年 1 月 8 日獨家報導，根據伊朗和敘利亞的公司文件顯示，華為與兩家前沿公司的密切聯繫超過之前的認知。

　　孟被美以涉嫌串謀欺詐銀行的罪名起訴，指孟晚舟身為華為首席財務長，涉嫌欺詐多家銀行，對多家銀行進行虛假陳述，交易金額涉及數百萬美元。孟若被引渡至美國，將面臨多項刑事指控，而每項罪名的最高刑期是 30 年。

　　如今看來，孟晚舟被引渡並判刑的可能性越來越高，她想被釋放回國已不可能。同時，美國國內對華為的制裁也在升級。

華為加州子公司未獲出口許可證

總部位於加利福尼亞州聖克拉拉的 Futurewei Technologies 公司是華為在美國的子公司。據《華爾街日報》2019 年 1 月 10 日報導，在美國商務部的封堵下，Futurewei Technologies 的出口許可證不獲續簽，目前已無法出口其在美研發的技術，意味華為無法將其在矽谷研究的部分技術運回中國。

報導稱，美國商務部 2018 年 6 月致函華為在美國矽谷的子公司「華為技術有限公司」（Futurewei Technologies），稱出於國家安全考慮，打算拒絕續簽其自 2014 年以來持有的出口許可證。華為舊的許可證於 2018 年 4 月到期。

據悉，這份許可證涉及高速數據傳輸技術等電信技術和軟件的出口，出口禁令會影響華為的部分業務。被否決的許可證涵蓋電信技術和軟件出口，包括高速數據傳輸技術。這項技術的業務預算超過 1600 萬美元，涉及超過 40 名全職員工。

報導說，此舉對華為在美國的業務帶來又一次打擊。美國長期視華為為國家安全威脅，並禁止政府機構採購華為的電信設備。接連數月，美國向盟友施壓，要求他們不要使用華為的設備。

網路安全公司 Carbon Black 首席執行官兼世界銀行前網路安全官員科勒曼（Tom Kellerman）對 CNBC 表示，這是加大對中共施壓多方面努力的一部分。「相信整個華為供應鏈都會受到損害。」

華為與星通和小犬的空殼關係

孟案背後最關鍵的點就是她與兩家公司的關係是什麼？這

兩家公司分別是：在伊朗運營的電信設備銷售商香港星通公司
（Skycom），以及持有星通的幕後公司——一家在模里西斯註冊
的空殼公司 Canicula Holdings Ltd（Canicula 的拉丁文意是小犬）。

路透社獨家報導說，在伊朗和敘利亞發現的這兩家公司的文
件顯示，華為與兩家公司的密切聯繫超過之前認知。除了華為一
名現任高管貌似曾被任命為星通的伊朗經理外，至少有三個華人
擁有華為和星通在伊朗的銀行帳戶簽字權。

還有一名中東律師的公開信指，華為通過 Canicula 公司在敘
利亞開展業務。Canicula 公司於 2006 年在模里西斯註冊，2007
年 11 月收購星通的所有股份，這十年來一直持有星通股份。

根據香港機構的登記紀錄顯示，在香港註冊的星通於 2017
年 6 月進行自願清算，作為清算的一部分，Canicula 向星通支付
了約 13.2 萬美元。負責該交易的香港 BDO 有限公司的清算人
Chan Leung Lee 拒絕置評。

華為現高管疑曾任星通伊朗經理

根據星通於 2011 年 12 月在伊朗登記處提交的一份公司紀錄，
一個華人姓名史耀紅（Shi Yaohong，音譯）是星通伊朗分公司的
經理，任期兩年。

同時，華為的在職員工信息顯示，曾聘請一名叫史耀紅的高
管。根據此人在領英（LinkedIn）的公開個人資料，其於 2012 年
6 月被任命為華為的「中東地區主管」。

阿聯酋新聞社於 2010 年 11 月的一篇新聞稿中，也稱史為
「Etisalat 重要客戶、華為的主管」。Etisalat 是中東一家主要電

信集團，是華為的合作夥伴。

但在路透社致電現任華為軟件業務部總裁的史先生，問及他與星通的關係時，史掛斷了電話。

此外，從星通在伊朗的銀行紀錄中列出的簽字名單看，大部分名字都是華人姓氏，其中至少有三個人擁有星通和華為的銀行帳戶簽字權。

路透社的報導更指，在伊朗註冊處的登記表簽名處，有兩個略不同的姓氏拼寫，但護照號碼相同。而美國檢方之前提交給加拿大法院的文件中也提到過，華為員工是 2007 年至 2013 年期間星通銀行帳戶的簽字人。

華為 2014 年仍在敘利亞運營

兩年前，Canicula 在敘利亞設有辦事處，敘利亞也是美國和歐盟制裁的對象。 2014 年 5 月，一家中東商業網站 Aliqtisadi.com 發表了一篇關於華為公司在敘利亞解散專門從事自動櫃員機（ATM）設備的簡短文章。負責清算的律師卡拉瓦尼（Osama Karawani）寫信要求更正該文，稱這篇文章對華為造成「嚴重損害」。

卡拉瓦尼說，這篇文章說華為本身已經解散，而不僅僅是 ATM 公司。Aliqtisadi 網站上有他來信的鏈接，卡拉瓦尼在信中表示，華為仍在營業。

「華為絕不會解散。」他寫道。然後，他補充說，華為「已經並且仍在敘利亞運營」、「通過華為技術有限公司和 Canicula 控股有限公司等公司運作」。眾所周知，華為技術公司是華為的

主要運營公司之一。

路透社引述知情人士消息報導，美國調查人員知道 Canicula 與敘利亞的聯繫。另一知情人士說，Canicula 在大馬士革設有辦事處，並代表華為在敘利亞開展業務。

該知情人士表示，Canicula 在敘利亞的客戶包括三家主要電信公司，其中一個是 MTN 敘利亞（由南非的 MTN 集團有限公司控制），該公司在敘利亞和伊朗都有移動電話業務。MTN 在伊朗有一家合資企業（MTN Irancell）也是華為的客戶。

還有一名知情人士透露，是 MTN 建議華為在伊朗設立星通辦事處。這位知情人士說，「星通只是華為的一個前沿（公司）」。MTN 拒絕置評。

2017 年 12 月，一個自稱 Canicula 分公司總經理的人在敘利亞報紙上發布一則公告，宣布 Canicula 在 10 月之前已經在敘利亞「完全停止運營」。但公告沒有給出任何解釋，甚至連總經理的名字也沒有提及。

Canicula 註冊所在地、模里西斯金融服務委員會拒絕向路透社發布任何紀錄。

華為與伊朗的交易以星通做掩護

路透社的報導顯示，律師公開信已證實華為 2014 年仍在敘利亞運營，且通過空殼公司 Canicula 運作；而 Canicula 是星通的母公司，直接控制星通業務。這與孟晚舟加拿大代理律師所述——2009 年孟晚舟和華為就切斷了與星通的關係，不一致。

根據美國檢方就孟案提交給加拿大法庭的起訴書，作為全球

最大的電信網路設備供應商，華為持有對星通的控制權，並利用星通向伊朗出售電信設備、通過國際銀行系統轉出資金。

美國檢方表示，2010 至 2014 年，星通被用來為華為與伊朗的交易做掩護，而孟晚舟的虛假陳述欺騙多家銀行批准了多項違反制裁的交易。

路透社六年前（2013 年初前後）的兩篇獨家報導是孟晚舟案的導火線。

2012 年 12 月 30 日，路透社發表《獨家：華為合作夥伴曾企圖將惠普電腦設備銷往伊朗》報導，指華為在伊朗的合作夥伴——星通公司不顧美國對伊朗的貿易制裁，在 2010 年末提議向伊朗最大的移動通信公司（MCI）出口美國公司惠普的電腦產品。

報導說，據路透見到的文件，在向 MCI 提議出售產品的提案中，至少有 13 頁內容註明為「華為機密」，並出現華為公司的標誌。

當時，美國政府已多年禁止將電腦設備銷往伊朗，以防止伊朗發展核武。而惠普作為華為的合作方，在它與華為簽署的銷售合約中，已明令要求禁止華為將惠普產品銷往伊朗，並要求華為遵守美國其他出口法令。

華為對此報導的具體回應就是撇清關係。華為指，註明「華為機密」的文件是「投標文件」，並指是星通把這些文件提交給了 MCI。

但事情並未平息，一個月後（2013 年 1 月 31 日）路透社再次以題為《獨家：華為 CFO 與曾試圖向伊朗銷售禁運惠普電腦設備的企業有關聯》刊發獨家報導，指根據星通在香港公司登記處

的紀錄，華為現任財務總監孟晚舟曾於 2008 年 2 月至 2009 年 4 月期間在星通董事會任職。同時，華為、孟晚舟與星通在過去十年間有過大量財務以及其他方面的關聯。

報導還採訪了在伊朗工作過的電信經理人，表示星通在伊朗的辦公室許多員工是中國人，佩戴華為工牌或有華為的名片；同時，在職業社交網站 Linkedin 上的工作簡歷中，有數名員工簡歷註明的是在「華為 - 星通」工作過。

路透社的兩篇重磅文章引發多家銀行擔憂，因為歐美國家多次實施對伊朗的制裁，禁止向伊朗提供歐美的銀行服務。若有公司通過美國銀行系統轉帳到伊朗，就違反了美國法規，銀行可能再度受重罰。

根據美國檢方提供的調查資料顯示，「金融機構 1」及其美國的子公司在 2010 年至 2014 年前後通過美國為星通結算了超過 1 億美元的交易。

第三節

華為的成功點 危機下奮鬥

華為提出長期堅持艱苦奮鬥，
任正非自己就身先士卒。（AFP）

前面我們談了華為的起家，先是靠了任正非原配夫人孟軍的父親官方人脈，才使華為具有一般民營企業沒有的創業優勢，後來又靠了江澤民和江綿恆，才在十年內騰飛起來。但是，江派也扶持了很多其他企業，為何那些企業沒有成為世界第一呢？這裡面或有任正非和華為獨特的過人之處。

華為對外經常說他們的理念是「以客戶為中心，以奮鬥者為本，長期堅持艱苦奮鬥」。這話聽起來容易，但做起來就很難。

比如以客戶為中心，華為之所以能打入歐洲市場，一個最大特點是他們主動以客戶的需求為本，主動去做那些大公司不願意做、而客戶又有需求的小事。這些事當時看起來小，但做下去就會變大，因為它代表了客戶普遍的需求。

為了解決這些小事，華為就必須去技術攻關，今天攻克這個技術難關，明天又解決客戶的另一個需求，就這樣，一點一點地

做下去，堅持做下去，華為就成了最能滿足客戶需要的供應商了。

不知不覺中，華為的實用技術水平也就迅速提高了，再加上買來的，偷來的、模仿的、和行賄換來的高科技，華為技術水平在某些方面就達到國際先進水平了。

華為就是用這種「鑽縫隙」的勁頭，一步一步攻下了歐洲那個最保守的市場。

以奮鬥者為本。華為18萬職工，他們的工作態度不只是在奔跑，而是拚命地奔跑，否則，按照末位淘汰機制，就會被淘汰出局。華為員工年薪2017年平均70萬人民幣左右，這在全中國算是高薪了。但員工壓力非常大，除了那些神經強壯、能力超強的人能夠適應下來，一般人都難以承受。

所以說，華為幾乎匯集了中國電信行業最優秀的人才，有了這些人，才有了今天的華為。

對於奮鬥者和創業者，要讓弱小新來的自己，在已有的激烈競爭對手中脫穎而出，是循規蹈矩隨大流、找容易的事做，從而謀取10％的優勢呢，還是選困難的事做、從而日後獲得10倍的優勢呢？

這是奮鬥者創業時面臨的選擇。

比如說在2003年，華為面臨選擇：去做很容易賺到錢的小靈通，還是去做那些不能馬上賺到錢但是必須要做的3G呢？當時中國通訊業很多公司都選擇了前者，並且賺了不少錢，但華為卻選擇了後者。

那時中國連相關的3G技術牌照都沒有，但華為就是認準了3G是通訊發展的必然方向，於是他們選最難的事去做了，直接後果就是搶先進入了國際市場。

當然難度很大，風險很大，但華為以奮鬥者的姿態，總算闖過來了。

華為提出長期堅持艱苦奮鬥，任正非自己就身先士卒。

前幾年有網友貼出一張任正非深夜在上海虹橋機場外排隊等出租車的照片，其實任正非在深圳機場，也是沒有專職司機去接機的。他說那是浪費。

華為 2018 年營業額是 7500 億人民幣（1085 億美元），比 BAT（百度、阿里巴巴、騰訊）總和還多很多。任正非作為此一巨型搖錢樹的總裁，而且 72 歲高齡了，但他卻捨不得僱用一個專職司機，這在大陸老闆中算是異類。

節儉還不算任正非最獨特的地方。他最獨特的有三點：一是老闆只持有公司 1.2％的份額，二是敢於當在外人和下屬的面說「我不懂」。

任正非曾這樣描述自己：「我什麼都不懂，我就是一個既不懂技術，也不懂管理，只不過是能夠把大家聚在一起來做點事的一個穿著皺巴巴的衣服的平庸老頭。」

三是任正非在華為塑造了一個危機企業文化，這在大陸也是極其少見的。在上個世紀，任正非就寫過《華為的冬天》、《北國之春》等一系列文章，要求華為上上下下都要有危機意識，居安思危。他還在《華為的 2012》講話中，提醒員工要有「末日」意識，與此同時，為應對「末日」，華為要有自己的諾亞方舟。正因為有了危機意識，華為總是在創新，不斷在創業。

只可惜華為過去採用了很多非法手段來實現創新，假如華為能改過自新，真的遵守規則，公平競爭，改邪歸正才有未來。

第九章

任正非記者會越描越黑

在處處挨打的被動局面下，一向拒絕媒體採訪的任正非接連召開中外記者會。評論認為，記者會是中共特別授意任正非搞的，讓華為公開撇清和中共的關係，以便保護中共扶持的間諜公司，但其很多說法也遭到外界質疑與駁斥。

2019 年 1 月 15 日，任正非在華為深圳總部接受媒體採訪。（大紀元資料室）

第一節

中共綁架人質
各國反擊流氓外交

孟晚舟被捕，中共氣極敗壞實施報復，十天內連續拘捕了三名加拿大人，並對加拿大人謝倫伯格加刑判處死刑。（大紀元合成圖）

　　中共連續逮捕三名加拿大公民後，隨著孟晚舟被引渡美國的日期臨近，中共竟又將另一名加拿大人加刑判處死刑。中共從「人質外交」升級到「行刑外交」，逼迫加國放人，流氓行徑引爆國際輿論猛轟，並進一步坐實了華為間諜企業性質。

中共動用「人質外交」報復加拿大

　　2018 年 12 月 1 日，加拿大應美國要求逮捕了華為公主、首席財務官孟晚舟，其因涉嫌違反美國對伊朗的貿易制裁而將被引渡到美國受審。

　　孟晚舟被捕，中共暴跳如雷，反應激烈。十天內連續拘捕了

三名加拿大人：前外交官康明凱、商人斯帕沃爾和教師麥基弗，指控他們「危害國家安全」和簽證有問題。至今僅麥基弗獲釋返加。

中共並未因此停手。2019 年 1 月 14 日，中共大連中級法院重審加國公民羅伯特・勞埃德・謝倫伯格，並罕見加刑，重判其死刑。據 BBC 報導，謝倫伯格 2014 年底與其他人合謀試圖從中國走私 222 公斤冰毒到澳洲，被大連中級法院判刑 15 年，上訴後被發還重審，大連中院此次重審判處謝倫伯格死刑，沒收個人全部財產。

謝倫伯格的姑姑納爾遜・鐘斯通過郵件向 BBC 表示：「這是個可怕的、不幸的、令人心碎的情況。我們最壞的打算成真了，無法想像他現在什麼感受，在想什麼。」

謝倫伯格的辯護律師張冬碩質疑重審過程有違法之處，「如果公訴機關補充起訴了新的犯罪事實，是可以加重被告人的刑罰。」「他沒有新的犯罪事實，所以不能加重被告人的刑罰。」

BBC 駐北京記者麥笛文分析說，中國也許以此作為談判籌碼，爭取加拿大釋放孟晚舟。

加拿大政要抨擊北京 加中關係遇冷

第三名加拿大人被抓後，有記者問加拿大總理特魯多將如何處理人質問題，如果有人質，交不交贖金．特魯多明確回答說，絕不交贖金，絕不向綁匪低頭。如果加拿大政府今天交了贖金，明天將有更多的加拿大人被當成人質抓捕。

特魯多政府主張通過外交管道逐級與中共交涉。他說「政治

作態或政治宣言不一定能起到作用」，他強調「有數以萬計的加拿大人在中國生活、旅行和工作」。

謝倫伯格被改判死刑的消息公布後，特魯多公開表示嚴重關切，指責中國的死刑判決「武斷」，這是他就中國接連拘留加拿大公民事件爆發以來最強烈的回應。

路透社報導，北京的西方外交官和前加拿大外交官均表示，加拿大人被拘留，是中共針對孟晚舟被捕事件「針鋒相對」的報復行為。

前加拿大駐華大使趙朴（Guy Saint-Jacques）表示：「正如我想說的那樣，在中國沒有巧合。」「（這是）它們（中共）的運作方式。我確信它們有一份人員名單，可以通過各種脆弱的指控逮捕他們（名單上的外國人）。」

加拿大駐緬甸特使、前自由黨領導人李博（Bob Rae）在推文中表示，這些拘留行為看起來「太像人質劫持」。加拿大需要進行強硬的、有原則和有效的回應。

2018 年 12 月 14 日，加拿大旅遊部長辦公室宣布，加拿大聯邦旅遊部長 Melanie Joly 的訪華日程推遲。加政府還發布中國旅行警告：到中國旅行必須「高度警惕」，因為有被中方「任意執行當地法律的風險」。

12 月 17 日，加拿大旅遊局暫停在中國做旅遊推廣的市場行銷。緊接著，加拿大政府下令驅逐 160 名個人信息造假的中國移民。

據加拿大魁北克《太陽報》報導，魁北克市長雷吉·拉博姆（Régis Labeaume）已經決定取消原定於 2019 年 3 月底的訪華行程，理由是當前加中政治關係緊張。魁北克市 2001 年與中國西

安結為友好城市，拉博姆原本預定率代表團訪問上海和西安，進行經貿交流。

各界譴責 中共綁架人質的流氓行為

2018 年 12 月 14 日，美國國務卿蓬佩奧在華府與加拿大外長方慧蘭、國防部長石俊會面出席聯合記者會時，形容中共當局拘捕康明凱和斯帕沃爾的行為屬「違法」。他呼籲世界所有國家「都應善待其他國家的公民」，要求中共立即放人，他承諾幫助營救被拘捕的加拿大人。

加拿大廣播公司（CBC）12 月 18 日報導，美國前駐華大使駱家輝認為加拿大人在中國被捕和孟晚舟有關。他說這是典型的北京戰術，想向外國政府發出警告。駱家輝認為，外國駐華使館，尤其是美國和一些歐盟國家使館應該聯合起來，支持加拿大提出的釋放被關押公民的要求。這些人不應該受到牽連，而加拿大只是遵守了跨國執法機構合作的國際法規。

喬治華盛頓大學法律學院教授克萊克在《華盛頓郵報》撰文指，中共拘留兩名加拿大人並指控他們「危害國家安全」，只不過是託詞，其真正目的是用無辜的人作人質，威脅加拿大釋放孟晚舟。中共駐加大使在加拿大報紙上發表的言論，足可證明中共是個流氓國家。

中共駐加大使盧沙野在加拿大《環球郵報》上公開聲稱，那些反對北京拘押康明凱的人，「應該反省一下加拿大做了些什麼」。等於公開承認這是一起人質事件，北京不過是在報復加拿大。

　　克萊克認為，北京把康明凱和孟晚舟事件同等看待是很愚蠢的。美國和加拿大有數以萬計的中國留學生，很多都是中共權貴的子女，但他們和他們的父母從來不擔心他們會成為人質。因為美加兩國不會考慮這種流氓行為，而且就算有意這樣做，政府也沒有這種權力，兩國的法律也不允許。

　　文章指，國際社會應該對中共扣押人質表達更強烈的抗議，而不應該以為這種事情只會發生在運氣不好的加拿大人和美國人身上。

中共扣押人質不是第一次

　　上一次中共拘留加拿大人發生在 2014 年。當時，在中國東北經營一家咖啡店的高凱文夫婦被關押在與朝鮮接壤的邊境附近。隨後，高凱文夫人被釋放離開中國，而她的丈夫則被指控從事間諜活動和偷竊國家機密，遭關押兩年後獲釋，被驅逐回加拿大。因為當時加拿大逮捕了涉嫌幫助中共從事間諜活動的華人蘇斌，後蘇斌被引渡到美國受審。

　　這次兩名加拿大人在中國被扣留，高凱文太太在接受彭博採訪時表示，本以為這次中共會有所不同，誰知又如法炮製。高凱文表示，毫無疑問，這就是報復，只要華為一案不結，中共肯定還有可能一直拿此做文章。

　　另外，中共還不屑否認，目前也扣留了兩名美國公民，原因是他們是一個流亡美國的中國通緝犯的子女，扣押人質的目的是逼迫這名通緝犯回國。

華為遭全球圍剿　中共人質外交引各國警惕

德國《商報》最近對本國企業發出警告稱，如果中德政府發生摩擦，德國企業在華分公司的高管可能成為中共人質，而這種情況下，德國政府所能提供的幫助十分有限。

2019 年 1 月 18 日，德國官方宣布，基於國家安全考慮，正計劃跟進美國等其他國家，禁止該國電信基礎設施使用華為 5G 技術及設備。

德國是華為最重要的國外市場之一，華為歐洲總部就設在德國的杜塞爾多夫市（Düsseldorf），德國也是歐洲、中東和非洲地區的最大經濟體。2017 年，華為在這些區域的收入為 926 億美元（人民幣 2639 億元），占其境外總收入的 27％。

1 月 11 日，波蘭當局逮捕了華為波蘭銷售主管王偉晶和波蘭前情報高級官員皮奧特·德爾巴羅（Piotr Durbajlo），指控他們為中共進行間諜活動。華為不到一天即解雇了王偉晶，並聲稱他被指控的行為與他在華為的工作無關。

1 月 15 日，加拿大多倫多警方與澳洲和美國聯邦調查局攜手合作，搗毀華人為首的跨國賣淫集團，起獲人數多達 3 萬的嫖客名冊，美方已要求將中國籍主嫌陳宗濤引渡至美國受審。

《華爾街日報》1 月 16 日引述消息人士的話稱，美國檢察官目前正在對華為進行刑事調查，指其涉嫌竊取包括 T-Mobile 在內的美國商業夥伴有關測試智慧手機技術的商業機密。

對不斷發起制裁華為和中共的西方國家，中共會不會進一步實施流氓人質手段報復，有待觀察。

第二節

華為告急
任正非記者會越描越黑

任正非一反常態高調露面「傳遞信心」，並表示華為沒有多大困難，這是自欺欺人。（大紀元資料室）

　　中共通訊巨頭華為的波蘭高管王偉晶因涉嫌間諜活動被捕後，華為遭各國封堵愈演愈烈。除美國、澳洲、新西蘭、日本、韓國、捷克、英國、法國的禁用華為運動，華為在歐洲的最大合作夥伴德國，亦打算排除華為參與 5G 發展。

　　華為被封堵的原因是什麼呢？2019 年 1 月 14 日，新西蘭政府通訊安全部長公開表示，中共情報法是新西蘭禁止華為的「眾所周知」的原因。1 月 15 日台灣多個非政府機構也開始禁用華為設備和軟體，幾年前台灣官方公務早已禁用華為。

　　在處處挨打的被動局面下，一向拒絕媒體採訪的華為創始人和掌權者，74 歲的任正非，1 月 15 日主動邀請八家外媒在華為深圳總部召開圓桌採訪會。也許是外界反饋不好，越描越黑；1

月 17 日任正非又與大陸媒體會面，高調回答了 30 個問題、發表了 1 萬 2000 多字採訪實錄，他宣稱華為早有準備，不會受很大影響，而且華為科技領先，外國不想買華為產品最後也得買。

兩場記者會任正非擺出兩種姿態，對外媒使用諸多限定詞，顯出底氣不足；對國內記者則誇誇其談，「傳遞信心」，掩耳盜鈴地自欺欺人。

華為不洩密？遭情報法和隱私聲明駁斥

1 月 15 日在外國記者圓桌會上，華為創始人任正非說：「我愛我的國家，我支持中國共產黨。但不會做傷害世界的任何事。」「我個人的政治理念和華為的商業營運沒有緊密聯繫。」

有記者提問，如果中共當局要求華為提供外國客戶或他們網路設備的機密信息，華為將如何回應。任正非答道，「對這樣的要求，我們肯定會拒絕。」但是，假如拒絕不了呢，他就沒有往下說。

任正非迴避了一個核心問題。2018 年新修訂的《中華人民共和國國家情報法》第七條規定，任何組織和公民應該依法支持和協助配合國家情報公司，保守國家情報祕密；國家對支持、協助和配合國家情報的公司、個人和組織給予保護。

難道華為就不屬於情報法針對的任何組織了？任正非這個中國公民就可以在法律之外特殊對待，從而有權違背情報法了？

任正非稱不會向中國政府洩漏顧客機密信息，但網友找出《華為消費者業務隱私聲明》來駁斥說，該聲明明確說明 11 種情況收集使用個人信息無需消費者授權，其中前四項都是把收集

到的信息報告給中共政府，包括：與國家安全、國防安全有關的；與公共安全、公共衛生、重大公共利益有關的；與犯罪偵查、起訴、審判和判決執行等有關的⋯⋯

也就是說，中共法律和華為自己的隱私聲明，都直接否定了任正非的辯解。

在大陸，中國共產黨領導一切，任正非的說法被外界調侃為是公然「反黨」。有網友認為，任正非發聲是公開和中共玩「切割」：「整個中共統治之下，包括香港在內，無企業家敢公開和中共玩『切割』，因為中共有一萬種方式玩死一個企業。任正非敢做，一是華為間諜和監控案被實錘，他經過了中共允許出面平息；二是任正非受中共和習絕對信任，其黨內級別應該極高。」

時政評論家、華人牧師郭寶勝也認為，「任正非今天撒謊說華為與中共政治無關、不是中共間諜企業，但孟晚舟案鐵證如山，華為是按中共全球政治戰略指示去扶持伊朗、敘利亞，牽制美國的。華為始終把中共政治理念、任務擺在第一位！」

其實在大陸要想接受外媒採訪，是很難辦到的事情，一些中共異見人士接受外媒採訪後都受到了來自大陸警方的壓力。目前山東大學教授孫文廣等人就是因為接受外媒採訪，而被破門而入騷擾，而後遭到囚困於家中，還有些因此而被抓捕甚至是判重刑。

可見，在中共與加拿大關係惡化的敏感時刻，任正非突然露面公開接受外媒採訪，絕不會是他頭腦一熱的個人行為。

很多評論認為，這個記者會是中共特別授意任正非搞的，讓華為公開撇清和中共的關係，這樣有利於保護中共盡心扶持了幾十年的間諜公司。「要不然任正非公然表示全中國就我最特殊，不歸黨管，他活膩了嗎？所以情況特殊，他這個表態還得請示匯

報，准許他這麼說才能出來說的。」

任正非玩文字遊戲來回應間諜問題

回頭仔細看就記者提出的各國因擔心中共滲透竊取情報而抵制華為產品等問題，任正非用詞相當微妙，用諸多限定詞，顯出底氣不足，完全是在玩文字遊戲。

比如任正非說：「中國沒有一條法律要求任何公司必須要安裝『後門』。」言外之意，法律沒有要求必須安後門，但公司自願安裝後門是可以的。

任正非還說：「華為從來沒有收到任何政府要華為提供不當信息的任何要求。」假如華為判定政府要求提供的不是不當信息，而是正當信息，那華為就可以提供了。

他說：「中國並沒有法律要求為設備添加『後門程式』。」那在法律之外，在違背法律的情況下，中共是否要求為設備添加「後門程式」呢？任正非並沒有否認。

也就是說，任正非對每句話的回答，都是為了繞開實質問題，假如今後外界找到鐵證來駁斥任正非，任正非也可以用上面那些潛台詞來證明自己當初並沒有說假話。

日本政府 2018 年 12 月 10 日宣布在華為設備中找到「多餘設備」；幾年前，非洲聯盟總部的華為機器，每天晚上自動祕密地向上海發回信息，那些是不是「後門」呢？這些都是任正非沒有回答的問題。

1 月 11 日，波蘭當局稱，他們已於 1 月 8 日逮捕了一名在波蘭工作的華為高管，罪名是為北京從事間諜活動。華為對此反應

迅速，1 月 12 日立刻解僱了華為的波蘭銷售主管王偉晶，並稱其行為與華為無關。

華為尊重知識產權？三大盜竊案

針對長期以來被西方指控的中國企業「盜竊知識產權」問題，任正非回應自己不能代表中國企業，只能代表華為，並以「華為在美國經歷了幾場大官司，都獲得良好的結果」來為自己辯解，並聲稱華為是絕對尊重他人知識產權的。

但是就在 1 月 18 日，據知情人士稱，美國聯邦檢察官正試圖對華為展開刑事調查，原因是華為涉嫌竊取美國合作夥伴的商業機密，包括 T-Mobile Us Inc.（TMUS）用於測試智能手機的技術。

這些知情人士稱，上述調查在一定程度上源自針對華為的民事訴訟，在其中一起民事訴訟中，一個西雅圖陪審團裁定華為從 T-Mobile 位於華盛頓州貝爾維的實驗室盜用了機器人技術。這些人士稱，調查已進入後期，可能很快會提起訴訟。

對此，美國司法部發言人不予置評，華為發言人也不予置評。雖然華為對 T-Mobile 案提出異議，但承認兩名員工行為不當。

華為想有一種更好的方法來測試其生產的手機，於是派了一名工程師去合作公司 T-Mobile 美國分公司的實驗室，參觀 T-Mobile 的機器人「Tappy」。「Tappy」是一款電腦驅動測試手機的機器人。

華為工程師對「Tappy」的指尖很「好奇」，因此他試圖將指尖隱藏在計算機顯示器後面，避開安全攝像頭，然後將指尖藏在筆記本電腦包中偷偷帶出實驗室。

這導致 T-mobile 在 2013 年針對華為發起知識產權盜竊的民事訴訟。2017 年陪審團裁定華為違反與 T-Mobile 的合同，需支付 T-Mobile 公司 480 萬美元。

除了 T-Mobile，華為還偷盜了摩托羅拉的機密。

2010 年 7 月 22 日路透社報導，美國手機製造商摩托羅拉起訴華為涉嫌竊取商業機密。在當年 7 月 16 日在芝加哥聯邦法院提交的修改後投訴中，摩托羅拉聲稱該公司一名工程師與華為創始人任正非分享了有關摩托羅拉收發器和其他技術的信息。

福布斯網站 2018 年 12 月 10 日刊文說，華為在知識產權盜竊方面已有很長的紀錄。

2003 年，思科起訴華為竊取路由軟件源代碼，並將其整合到華為網路產品中。路由器是互聯網核心的關鍵硬體技術，華為路由器在中國和歐洲廣泛使用。後來華為被迫向思科公司認錯並撤除該軟件，思科公司才放棄對其的訴訟。

但是在 2012 年，華為高管聲稱侵權代碼來自協力廠商，並且可以在互聯網上免費獲得，思科執行副總裁馬克·錢德勒（Mark Chandler）強烈否認華為這一說法。

另外在日本富士通的展覽上，華為工程師偷拍富士通的產品，遭到富士通的投訴和交涉，華為被迫將該工程師炒魷魚。

被華為的偷盜行為害得最慘的是，加拿大網路設備巨頭北電網路（Nortel）。華為曾經是北電的供應商，但經歷長達 10 年的中共駭客攻擊後，華為掌握了北電的技術，從而成為北電的競爭對手，2009 年北電被迫破產。

福布斯網站 2018 年 12 月 10 日刊登 Hersh Shefrin 撰寫的文章說，北電網路的主要調查人員認為華為是該公司網路攻擊的肇

事者，並暗示這次襲擊是一起工業間諜行為。

文章說，2000 年，來自中國 IP 地址的駭客獲得了包括北電首席執行官在內的七位高管的密碼。隨後，這些駭客下載了大量包含關鍵專有知識產權的數據。於是幾年後，華為突然成為北電激烈的競爭對手。

此外，沒有證據表明華為已經投入必要的研究和開發來達到這種競爭力水準。全球金融危機，以及華為等公司低價格產品的衝擊，導致北電在競爭環境中無法生存。

從這個案例也能看出華為與中共駭客關係密切，因為他們都歸屬於中共國安部，都是國安下面的特務機構。

牛津大學停止接受華為津助研究

為了掌握最先進的科技成果，除了偷盜，華為近年來還搞出一個新辦法：贊助著名教授搞科研。

英國傳媒和香港《南華早報》報導，牛津大學的捐助檢討委員會 1 月上旬檢討華為的捐款和贊助後決定，不再接受華為就該校的研究項目作出新的捐款或贊助。

此前一個月，英國外交事務委員會籲請各大學必須仔細審視它們與中國電訊設備生產商華為之間的關聯，於是，牛津大學基於安全理由，決定暫停接受華為對該校電腦系的贊助和捐款。

牛津發言人表示，已經開始的津助研究項目不受影響。該校現時有兩個項目接收華為贊助，涉及 69 萬英鎊。發言人亦表示，大學是基於近數月來公眾對華為與英國關係的關注而作出有關決定，期望華為能就其活動向政府重新作出保證，盡快解決有關

事宜。

檢討委員會的決定已電郵通知電腦系的博士生，指出決定不影響學生與華為的關聯，但提醒學生與華為接觸時，不可討論涉及機密或有專利的資料。

不過這一點根本就做不到，因為按照華為與大學簽訂的協議，大學定期（基本上是每周）必須給華為做一次匯報，詳細匯報這周做出了什麼東西。在大學和教授們還沒有申請專利之前，華為早就掌握這些最新科技進展了。

這也是華為最狡猾的一招，利用著名大學教授的科研成果，來給自己做嫁妝。相比那些巨額的專利使用費，給教授們的前期科研投入費，那只是小小的一個零頭了。

根據《電訊報》，英國現時有 17 間大學和學院接收華為的贊助或捐款。華為還宣稱會資助薩里大學（University of Surrey）500 萬英鎊，以建立一個 5G 創新中心。另外，華為已向劍橋大學一個電腦實驗室投資 100 萬英鎊，以及支持曼徹斯特大學進一步開發製造先進計算機必須的石墨烯。

華為利潤少科研投入大 誰給錢？

就「華為賺的錢很少，為什麼科研投入會有那麼多」的疑問，任正非解釋稱，「比如今年（2018 年）我們利潤是 90 多億，但是科研投入 150 至 200 億美金。其實這 150 億都是成本，實際上還是客戶投的。」

任正非沒有說明客戶是誰？哪個客戶能沒看見產品之前就先付款了？《新紀元》此前給出了答案。華為在大陸的客戶，主要

是政府部門，比如軍隊、公安、司法、保安等，也只有中共官方才會用這種方式，變相地「補貼」華為。

政論家胡平向《大紀元》分析，華為是一家很龐大的通訊設備公司，最重要的問題是由中國政府大量的補貼，才可能使得它做成這麼大的規模，才有可能在國際市場上有那麼大的競爭力，低價的華為手機在國際市場占有那麼大的份額。

「這也是包括美國政府在內的這些國家對它特別不滿意的原因之一。別人都是民營企業，你這個根本是由政府作為後盾的。」

任正非稱，「很多科學家都在華為工作。我們至少有七百名數學家、八百多名物理學家、一百二十多名化學家、六七千名基礎研究的專家、六萬多名各種高級工程師、工程師……形成這種組合在前進。」

胡平表示，華為是仗著國家補貼自己錢多去挖別國的科技人才。它購買別人的技術之外，也盜竊別人的知識產權。現在還揭露出來，它從事一些間諜的工作，這點更讓外界對它警惕。

更何況，專業人士透露，華為動輒以便宜 40％的價錢搶標，奪得通訊設備訂單，這背後可能至少有中共 1000 多億美元的補助撐腰，從這角度來看，華為就是共產黨扶植的超大型企業，從創辦人、主管、員工都要聽中國共產黨的指示偷取機密。

任正非耍滑頭 避談具體困難

1 月 15 日任正非向外媒暗示華為正處於多年來最嚴重的信任危機之中，他聲稱，對於華為來說，2019 年將是艱難的一年，營收增速可能會降到 20％以下。

不過，一般企業營收增速才 5 ～ 10％，華為 2018 年估計能到 20％，2019 年只會大大低於 20％，甚至一半不到，任正非這麼說，無非是在虛誇。

17 日有大陸記者問華為當前主要是什麼困難時，任正非強調「都是困難」，說：「我們覺得除了困難，都是困難，沒有不困難。」

任正非用這個耍滑頭的說法迴避了敏感問題，因為華為遇到的困難，實在是太多了太大了，否則，任正非也不會這麼急匆匆地召開記者會。

眾所周知，華為正在被國際社會圍堵，網收得越來越緊了。儘管華為自稱是民營企業、員工控股，但西方國家認為，華為與中共有著揪扯不斷、無法說清的關係。

共用國安情報的五眼聯盟（Five Eyes），美國、澳洲、新西蘭、英國都公開宣布禁止使用華為設備，只剩下加拿大還沒有表態。不過孟晚舟被抓後，中共對加拿大的報復和威脅接連不斷，但是外界分析認為，中共對加拿大「欺人太甚」，可能會「物極必反」，導致加拿大作出拒絕華為的決定。

另外，日本、印度也宣布官方禁止使用華為，最近德國的態度已經明顯改變。

華為的主要收入就靠這些國家，一旦被禁，2019 年華為的日子會非常不好過。因此任正非提出：活下去，才能有未來。

任正非差點被抓？試圖營救女兒

任正非一反常態地高調露面，他說是為了「傳遞信心」，並

表示華為沒有多大困難，這是掩耳盜鈴地自欺欺人。因為此刻華為不但面臨著生存壓力，而且任正非自己也面臨被抓的險境。

在採訪中，任正非說本來要和孟晚舟一起去阿根廷出席同一個會議，但是孟晚舟早出發了兩天，結果在加拿大轉機時被抓了。而晚兩天出發、從別的地方轉機的任正非，因此躲過了美國的抓捕，逃過了這個劫難。

換句話說，如果他們父女同機出行的話，可能就被「一鍋端」了。

孟晚舟 2018 年 12 月 1 日應美國政府的請求在加拿大被拘押，雖然如此，任正非還是對美國總統特朗普表示認可。他說：「我仍相信他是一位偉大的總統。從某種意義上說，他大膽地削減了稅收。我認為這對美國工業的發展是有利的。」

任正非還說：「在中美貿易爭端裡，華為本只是芝麻粒一樣大。」「華為不是一家國有企業，我們也不是很在意收益報表，如果（美國）不希望華為出現在某一地域（或領域）的市場，我們可以縮減規模，只要我們能夠生存，員工足以為繼，只要我們還有未來。」

對於女兒孟晚舟的被捕，這次任正非對外國記者談到，「相信美國和加拿大的法律體系是開放的，我將等待法院的判決。」任正非用這種服軟的態度來希望美國放人，而且他自己知道，他除了等待法院判決，也沒有其他有效的辦法來阻止美國幹什麼。

對大陸記者，任正非說：「非常想念女兒！」「我與女兒現在就是打打電話，電話上也僅僅是講講笑話，晚舟也很堅強。」

「我們會通過法律程序來解決這件事情。作為孟晚舟的父親，首先感謝中國政府維護孟晚舟作為中國公民的權益，為她提

供了領事保護。我也感謝社會各界人士對孟晚舟所表達的支持、關心和關注。」

任正非說他想念女兒孟晚舟，其實他沒有反省，女兒是因為他而受害的。1999 年，任正非就與伊朗聯繫，最後才導致了孟晚舟因為要完成父親交給的任務，而違背國際禁令，出口產品到伊朗，被美國下令逮捕。

當然，任正非要與伊朗、敘利亞、朝鮮等美國認定的邪惡國家做生意，也是為了完成中共下達的命令。中共就是要暗中扶持美國的敵人。

辯解無效 美擬禁令 德國排除華為

儘管 1 月 15 日任正非召開外國記者會，否認華為危害他人，但他的辯解一點作用都沒起。

1 月 16 日，據路透社報導，美國參眾兩院共四位跨黨派議員聯合提出名為「電信拒絕令執行法」（Telecommunications Denial Order Enforcement Act）的草案，直接點名華為與中興，並嚴禁美國企業出口晶片或零件給有可能透過設備監控美國人民，以及不遵守伊朗制裁的中國企業。

法案同時要求確保受到制裁的企業在經過一年配合與合作後，能證明其公司系統法規已進行修正才能免除懲罰；法案還強調了國會監督行政部門執行有關制裁中國電信企業的角色。

法案特別點名中興和華為，這兩家中國電信巨頭被美國國會視為美國國家安全威脅。「華為是中國共產黨有力的情報信息收集者，其創始人兼首席運營官為人民解放軍的工程師。」來自阿

肯色州的聯邦參議員科頓在聲明中說：「中國電信公司若像華為一樣違反了我們的制裁或出口管制法規，他們都應該受到等同於死刑的拒絕令。」

這裡所謂的「死刑」，便是對華為的出口禁令，目前「電信拒絕令執行法」就等特朗普簽字批准。

另外，1 月 18 日，彭博社引述知情人士稱，特朗普政府正在準備一項行政命令，該命令可能會出於國家安全考慮嚴重限制中國國有電信公司在美國的運營。正在起草中的命令有兩個版本，最大版本可能會讓華為遭遇中興斷芯一樣的命運，最低版本則會限制其在美國銷售。

該行政命令還在討論中，尚未提交給總統，不會提及華為技術公司或中興通訊等公司的名稱，也不會完全禁止公司在美國的銷售。但其中一位知情人士表示，它將賦予商務部更大的權力，以審查與包括中國在內的敵對國家相關的公司的產品銷售和採購情況。

此前有消息稱，特朗普政府將針對中國電信公司提出行政命令禁止其在美國銷售。路透社 12 月份報導稱，特朗普將考慮宣布一個與這些公司有關的國家緊急狀態的命令。

1 月 17 日，德國《商務日報》（Handelsblatt）報導，德國將華為踢出所有重要電信設備標案，甚至不惜修改電信法。

據官員透露，德國當局目前正努力間接禁止華為參與核心網路，此舉也可能影響過去的 3G 和 4G 網路。

該德國官員表示，提高安全要求的法規，是把華為踢出德國所有重要電信設備標案的唯一合法途徑，該提議是德國聯邦網路局（Federal Network Agency）和聯邦信息安全辦公室主導。

對外稱影響不大 對內裁員過苦日子

對於任正非 1 月 17 日接受大陸媒體採訪的主題，新浪網總結的標題是《困難對我們會有影響，但影響不會很大》。

也許早就知道華為的間諜和偷盜活動遲早會被發現，所以任正非說：「我們今天可能要碰到的問題，在十多年前就有預計，我們已經準備了十幾年，我們不是完全倉促、沒有準備的來應對這個局面。這些困難對我們會有影響，但影響不會很大，不會出現重大問題。」

但是任正非第二天 18 日連續簽署了兩封給內部員工發出的 006 和 007 號電子郵件，他在信中承認，未來幾年「華為要有過苦日子的準備」。

他解釋說，過去 30 年過得太順利，5G 將不可能像 4G 一樣「勢如破竹」。可能像東爆一個「地雷」，西爆一個「地雷」，不能「成片性」地爆炸。這種情況下，華為養活不了 18 萬員工，沒有每年的 300 億美金給員工發工資、薪酬和股票分紅。

他說，如果部分工作沒有達到相對價值，「就應該裁減和放棄一部分工作，讓其聚焦。也要放棄一部分平庸的員工，降下人力成本。」

任正非還在中共央視節目中暗示將要裁員。他說：「華為現在出問題的就是機構臃腫、人浮於事，整個管理層級太多。」他表示「正在改革」，要用五年左右的時間進行「組織改革」，如果能獲得成功「是有戰鬥力的」。

任正非對外稱華為不會受太大影響，但對內卻說養不活 18 萬員工要裁員。很明顯，任正非在對媒體和公眾撒謊。

任正非浮誇華為科技水準世界領先

　　任正非的撒謊，還包括華為的科技水準。在召開大陸記者會時，任正非說了很多有關華為科技水準如何領先的話，但他沒敢對海外記者談這些，因為很多話都是誇大其辭的。

　　任正非說華為「為 30 多億人提供網路服務，有良好的安全紀錄」，30 多億這個數字肯定是誇張的，全球 70 億人，華為在大陸的市場占有率最多不超過 20％，更別說在其他國家了。只要某個國家有一個地方用了華為，任正非就把這裡的所有人口加起來算成了 30 億，這樣的演算法是錯誤的。

　　說華為的服務「有良好的安全紀錄」，假如真是這樣，西方國家也就不會禁止華為了，任正非也不需要費時費力地召開記者會了。他這樣說，只能欺騙大陸民眾，但騙不了海外顧客。

　　任正非還說：「在電子上我們已經做出最先進的晶片 ARM CPU、AI 晶片，在光子的交換上，我們也是世界最領先的。在量子方面，我們在跟隨。」

　　外行人一聽，以為華為在引領世界科技的最前沿，其實，華為最多只是模仿抄襲出類似產品。比如晶片，假如華為真的能生產出核心晶片，那何必還要從美國進口呢？假如說華為在需要生態系統的 CPU 晶片上世界領先，那還需要提最早最強的原創者 ARM 公司嗎？真是撒謊都不動腦筋。

　　就在全世界質疑華為承諾真實性的關鍵時刻，任正非依舊說假話，這讓人再也不敢相信任正非在華為新年大會上說的，2019 年的關鍵詞是信用。

　　「信用」一詞，對中共治下的華為，早已消失得無影無蹤了。

第三節

華為如何瞄準蘋果技術機密

2019 年 2 月 18 日，華為再被爆料
盜竊蘋果公司技術的種種手段。
（AFP）

　　任正非說華為尊重知識產權，但無數事例證明他在撒謊。

　　2019 年 2 月 18 日，華為再被爆料盜竊商業機密。數字媒體
公司「The Information」發布的一份新報告揭示了華為竊取蘋果
公司技術的種種手段。

向蘋果供應商探問產品細節

　　報告說，華為被指企圖複製蘋果智能手錶「Apple Watch」中
的一個備受大眾歡迎的功能。「Apple Watch」的心率傳感器的效
果很好，並已獲得美國食品藥品監督管理局（FDA）的批准。而
華為的智慧手錶並不受用戶的歡迎，一些用戶抱怨其心率監測器
的性能不好。

　　於是，華為積極尋求從蘋果那裡獲取技術，並與蘋果的供應

商會面。

2018 年 11 月，一名負責智慧手錶項目的華為工程師追蹤了一家幫助構建蘋果手錶（Apple Watch）心率傳感器的供應商。根據這家供應商的一名高管所透露的信息，這名華為工程師以向該供應商提供利潤豐厚的製造合同為藉口安排了一次會面。華為工程師在會面中詢問有關「Apple Watch」的細節，但並未成功。

這位高管要求匿名，因為該公司與蘋果簽署了保密協議。

根據「The Information」了解到的消息，為了安排這次會議，這名華為工程師先是以「有意」與蘋果的這家供應商達成潛在交易來引誘對方。

「我們的設計與蘋果的類似」，這名工程師在給這家供應商的一位高管的短信中寫道，「在我們提供原理圖之前，（我們想）先大概談一下原型的成本。」「今年華為的可穿戴設備銷量預計將達 100 萬個。」

這位高管說，這名華為工程師由四名研究人員陪同參加了與該供應商的會面。華為的這個團隊總計花了一個半小時的時間向該供應商詢問有關 Apple Watch 的信息。

「他們在試試運氣，但我們不會告訴他們任何事」，這位高管說。之後，華為就沒聲了。

據現任和前任的蘋果員工說，蘋果要求供應商基於美國政府對於軍事和國防技術的出口管制，遵守工廠安全的嚴格準則。對於供應商來說，洩漏蘋果機密所付出的代價將會很高。

有一次，這名華為工程師通過電子郵件向這位高管發送了一張華為正在考慮用於心率傳感器上的材料的照片。「隨意建議一個您已經體驗過的設計」，該工程師寫道。

在另一起事件中，據知情人士透露，華為涉嫌複製 2016 年開發的一款蘋果連接器，該連接器使 MacBook Pro 的鉸鏈更薄，同時仍能將電腦的顯示屏連接到主機板上。該人士表示，一個類似的部件 2018 年出現在華為的 MateBook Pro 中，後者作為蘋果 MacBook 的競爭對手發布。組成華為這個部件中的 13 個元件都和蘋果的類似，並且以相同方式進行組裝。

報告指，華為曾與在製造該部件方面具有專業知識的多家蘋果供應商進行了接觸，並向他們提供了相同的原理圖。這位知情人士表示，這些供應商都認出了華為提供的部件設計與蘋果的設計相同，並拒絕給華為製造。但華為最終還是找到了一家製造商。

報告說，這些事件正印證了蘋果公司的現任和前任員工及其供應商們所爆料的信息。這是華為用來從競爭對手（尤其是蘋果在中國的供應商）那裡獲得技術的、可疑策略的一種模式。

華為否認有任何不當行為。「在進行研究和開發時，華為員工必須根據我們的商業行為準則搜索和使用公開信息並尊重協力廠商的知識產權。」一位華為發言人說。

蘋果沒有就此做出任何置評。

追問蘋果前員工產品信息

報告指出，華為還試圖從蘋果及其供應商的前員工那裡獲得蘋果產品的信息。一個例子是，一位前蘋果員工在離開蘋果後，立即申請了一份華為的工作，但在求職面試中，華為高管們一直在追問他有關蘋果的新產品及其技術特徵。

該前蘋果員工沒有透露任何蘋果產品的細節，並停止了在華

為的面試。「很明顯，他們對於了解蘋果的新產品技術比僱用我更感興趣。」這名蘋果的前雇員說。

據蘋果的前員工說，華為和其他公司長期以來一直試圖通過接觸像富士康科技集團這樣的大型合約製造商的工人來獲取有關蘋果產品的信息。富士康為許多不同的智慧手機公司工作。

報告說，雖然蘋果的生產線被隔離並且每層都有金屬探測器防護，旨在防止職工竊取組件，但職工們通過將蘋果部件的設計勾畫下來，並描述這些部件的材料，將這些敏感信息洩漏給了蘋果的競爭對手。

這份報告顯示，除了蘋果外，華為還對其他美國公司施加了類似手段。思科系統公司（Cisco Systems）和摩托羅拉（Motorola）等美國公司已經在民事訴訟中對華為提出了類似訴訟。本月早些時候，總部位於芝加哥的生產耐用智能手機玻璃的阿汗半導體（Akhan Semiconductor Inc.）表示，它正在與對華為竊取其知識產權的一個聯邦調查合作。阿汗公司指華為利用業務關係的前景來獲取該公司的玻璃樣品，華為之後將樣品拆開並進行了研究。

此外，2019 年 1 月，美國司法部開始起訴指控華為竊取 T-Mobile USA 的商業機密。司法部詳細披露了華為竊取機密的過程。

另外，華為還偷了三星的手機屏技術。

華為 2 月 24 日發布其 5G 首款摺疊手機 Mate X，未展開前為 6.6 寸螢幕，展開後成為 8 寸平板。但華為的折疊手機，其技術偷自韓國三星。

據 CNN 報導，韓國檢方稱，三星最新的可彎曲屏技術已經被偷走，賣給了兩家中國公司，11 名韓國人涉案。他們將三星

OLED 折疊屏技術圖紙全部賣給中國，獲利 1400 萬美元。

這 11 個韓國人利用一個空殼公司完成的這筆交易，三個人被拘留。目前案件正在韓國三元法庭審理中。檢察官表示，三星投資了六年，並投入了約 1500 億韓元（1.3 億美元）來開發可彎曲屏幕，而華為僅用 1400 萬美元就偷來了，十分之一的成本。

華為鼓勵員工盜竊競爭對手的信息

「The Information」的這份報告指出，美國司法部已經披露，華為有一個正式的項目，獎勵從競爭對手那裡竊取信息的員工，獎金還隨著被竊取信息保密價值的增加而增加。

美國的起訴書說，「（華為）員工被指示在公司內網上傳從其他公司獲得的機密信息，若是特別敏感的信息，則需將電子郵件加密後發送到指定的電子郵箱裡。」

同時，華為成立「競爭管理小組」，任務是審查員工提交的機密內容，並對提供最有價值情報信息的員工頒發月度獎。

「Bradley Arant Boult Cummings」公司擅長處理隱私和信息安全問題的律師史蒂夫・斯奈德（Steve Snyder）表示，當談及對抗知識產權盜竊，在中國的外國公司的選擇是有限的。

「（外國）公司必須考慮他們有什麼追索權，而在中國基本上是什麼也沒有。」斯奈德說。

第十章

美國起訴 任正非辯解

隨著美國指控華為及孟晚舟 23 項罪名，以及孟晚舟引渡庭審臨近，華為創始人任正非頻頻在大陸和海外媒體上高調發聲，引起輿論的聚焦。評論認為，任正非是想為華為辯護撇清與中共的關係，但其很多說法也遭到外界質疑與駁斥。

1 月 28 日，美國代理司法部長馬修・惠特克（中）宣布起訴華為及孟晚舟，並確認會向加拿大當局提出引渡孟晚舟的要求。（Getty Images）

第一節

美國起訴華為及孟晚舟 啟動引渡程序

美國司法部兩份刑事起訴書指控華為及孟晚舟等四名被告合計 23 項罪名，並向加拿大提出要求引渡孟晚舟。（新紀元合成圖）

美高調起訴孟晚舟和華為

2019 年 1 月 28 日，美國司法部在華盛頓舉行了由多名高官參加的記者會，高調宣布了對華為公司及其高管孟晚舟的起訴。

參加記者會的有代理司法部長馬修‧惠特克、國土安全部長克里斯滕‧尼爾森、商務部長威爾伯‧羅斯、紐約東區聯邦檢察官理查‧多諾霍、聯邦調查局局長克里斯多夫‧雷、負責司法部刑事處的助理部長布萊恩‧本茨科夫斯基和負責司法部國家安全處的助理部長約翰‧德默斯。

代理司法部長惠特克說：「今天我們宣布對電信巨頭華為及其相關人員提出刑事指控，指控他們犯有二十餘項罪行。正如我

8 月間對中國官員所說的那樣，中國必須讓其公民和中國公司承擔遵守法律的責任。」

國土安全部長尼爾森說：「正如起訴書所指稱的那樣，華為及其首席財務官孟晚舟違反了美國法律並從事破壞美國安全的金融欺詐活動。他們蓄意進行了數以百萬美元計的直接違反《伊朗貿易制裁規則》的交易，這類行為不會被容忍。」

商務部長羅斯說：「多年來中國公司違反了我國出口法律並破壞了制裁，經常利用美國金融系統來幫助他們的違法活動。這一切將會終止。與歷史上歷屆政府相比，特朗普政府對那些違反我國出口控制法律者的打擊都更為嚴厲，這種嚴厲將繼續下去。」

羅斯表示，對華為的起訴是執法行動，與目前正在進行的美中貿易談判無關。

聯邦檢察官多諾霍說：「正如起訴書所指控的那樣，華為及其子公司，在其高管的直接和親自參與下，從事了嚴重的欺詐活動，包括合謀、銀行欺詐、電信欺詐、違反制裁、洗錢和策劃妨礙司法。十多年來，華為使用說謊和欺騙的策略，以從事並擴大其業務。」

聯邦調查局長克里斯多夫·雷說：「這些指控暴露了華為公然無視我們國家的法律和全球標準商業行為。像華為這樣的公司對我們的經濟和國家安全構成了雙重威脅，這些指控的嚴重性明確顯示聯調局對這一威脅的重視。今天應被當作是一個警告，表明我們不會容忍違反我國法律、妨礙司法或威脅國家和經濟福祉的公司。」

克里斯多夫·雷還專門提到，允許華為進入美國電信市場將帶來安全風險。他說：「驅動著我們經濟安全的繁榮與我們的

國家安全息息相關。中國政府對華為所擁有的巨大影響力對二者都構成威脅。這種准入有可能讓外國政府掌握惡意修改或竊取信息、從事隱祕間諜活動或施加壓力或影響力的能力。如果我們允許華為這樣的公司進入我們的電信基礎設施的話，將會帶來什麼樣的風險。」

華為及孟晚舟被控 23 項罪名

與此同時，美國司法部宣布，紐約布魯克林聯邦法院的一個大陪審團對四個被告提出 13 項刑事起訴，這四個被告分別是總部在中國並在全世界運作的電信巨頭華為技術有限公司、華為在美國的相關公司華為終端有限公司（Huawei Device USA Inc.）、華為在伊朗的相關公司星通（Skycom Tech Co. Ltd.）以及華為首席財務官孟晚舟。

在這項起訴中，華為及相關公司被控的罪名包括銀行欺詐、合謀銀行欺詐、電信欺詐、合謀電信欺詐、違反及合謀違反《國際緊急經濟狀態權力法》（IEEPA）、合謀洗錢以及合謀妨礙司法。孟晚舟被控銀行欺詐、電信欺詐以及合謀從事銀行和電信欺詐。按美國的法律，每一項控罪如成立，最高可判刑 30 年。

根據起訴書，自 2007 年，華為員工多次對美國政府就華為與其分支機構 Skycom Tech 的關係進行不實陳述，並向與華為合作的銀行謊稱，華為已出售 Skycom 股份。而事實上，華為將股份賣給了自己。

通過謊稱 Skycom 是一家獨立公司，華為宣稱它與伊朗的商業往來符合美國對伊朗的制裁規定。這使得與華為有業務往來的

銀行在不知情的情況下違反了美國法律，其中一家在四年之內幫助 Skycom 進行了 100 萬美元的交易。

起訴書稱，2017 年，一家銀行出於風險考量，單方面決定終止與華為的全球金融業務。但華為告訴其他銀行，因該銀行服務不到位，華為選擇終止合作。

美國司法部還宣布，西雅圖的一個大陪審團指控電訊公司華為技術公司的兩家子公司犯下了 10 項聯邦罪。他們被控從 T-Mobile 公司竊取商業祕密，罪名包括盜竊商業祕密、電信欺詐和妨礙司法。

根據西雅圖法院的起訴書，2012 年，華為開始密謀竊取美國通訊運營商 T-Mobile 的「Tappy」技術，甚至竊取了一塊部件。但華為曾表示這些盜竊行為純屬公司員工個人行為，它與 T-Mobile 在 2017 年已解決了糾紛。

FBI 獲得的電子郵件顯示，2013 年 7 月，華為向員工發放獎金，發放的依據是這些員工從全球其他公司竊取信息的價值。這些員工通過加密電郵將信息發送給華為。

在「妨礙司法」方面，華為 2017 年意識到被刑事調查，有意將了解其伊朗業務的證人移出美方管轄範圍，轉到中國，並隱藏或毀壞留在美國的相關證據。

根據法庭文件，華為技術的兩個單位 2 月 28 日在西雅圖被提審，被控合謀竊取 T-Mobile 美國公司的商業祕密。

引渡程序啓動 孟晚舟 3 月 6 日出庭

美國政府 1 月 28 日正式起訴孟晚舟及華為公司，並向加拿

大正式提出引渡孟晚舟的請求。

一直在努力應對加中外交風波的加拿大政府，需要在 30 天內對美國的請求做出回應。

據《多倫多星報》報導，在美國發出正式引渡孟晚舟的請求後，加拿大總理特魯多表示，應對中共政府，「我們始終堅持法治」，「我們將遵守我們（承諾）的國際義務」。

1 月 29 日上午，孟晚舟請求改動其保釋條件的法庭聽證在加拿大卑詩高等法院開庭。

孟晚舟的律師提出，要求把上次法庭裁定孟晚舟於 2 月 6 日出庭的日期，推遲至 3 月 6 日。

孟晚舟的律師說，因為美國已經正式向加拿大提出引渡孟晚舟的請求，加拿大司法部有 30 天的時間決定是否繼續推進引渡程序。只有當加拿大司法部簽發「訴訟權」繼續引渡程序後，辯護律師才能獲得相關的資料和文件。

法官當庭批准這個請求，孟晚舟下次返回卑詩高院安排引渡聆訊的日期，改為 3 月 6 日。

在保釋庭，孟晚舟的律師還提出更換一名孟的保釋擔保人，由 Robert Cheng 以他們家的房子作為擔保。由於按照卑詩省估價局最新的房產評估，Robert Cheng 的住房價值未能達到擔保所要求的金額，差額部分，他們以現金交保。律師未提及為何更換擔保人。

檢方表示接受這個請求。法官也當庭裁決同意更換 Robert Cheng 作為孟晚舟的一名保釋擔保人。

律師：引渡九成獲批 辯方無法抗辯

港媒 1 月 30 日報導，孟晚舟案美司法部長一旦授權處理，加拿大卑詩省高級法院料將接手。

報導稱，孟晚舟引渡程序預料需闖三關。第一關是加拿大司法部長拉梅蒂（David Lametti）同意授權法院處理；第二關是法院的引渡聆訊，即使法院裁定孟晚舟敗訴，孟亦有機會提出上訴，相信要再多花數月才有結果；第三關也是最後一關就是引渡案件再次回到加拿大司法部長那裡，由拉梅蒂作出最終決定。

熟悉美加引渡官司的加拿大律師博廷表示，由於制度關係令辯方幾乎無法提出抗辯，加拿大法官九成機會會批准引渡申請。根據美國法律，銀行詐騙最高刑罰是罰款 100 萬美元或入獄 30 年，法官亦可同時判處被告罰款及監禁

FBI 突襲華為在美實驗室

1 月 28 日，在美國司法部宣布起訴華為及孟晚舟等被告的同時，聯邦調查局（FBI）在加州聖地亞哥突襲搜查了華為實驗室，調查該公司是否意圖竊盜美國初創企業 Akhan 半導體公司擁有的鑽石玻璃技術。

FBI 的這項調查已進行了幾個月，2019 年 1 月初，Akhan 半導體公司高管配合 FBI 對華為的「執法圈套」（Sting Operation，又稱釣魚執法）行動，在拉斯維加斯與兩名華為員工會面。Akhan 半導體公司從懷疑華為意圖盜竊該公司技術、告知 FBI，以及配合 FBI 調查，整個過程猶如好萊塢 007 電影。

第二節

任正非頻頻露面辯解
華為還能走多遠

美國圍堵華為，令國際社會越來越關注中國網路設備的安全威脅。（AFP）

就在美國正式宣布起訴華為與孟晚舟的當天，2019 年 2 月 18 日，華為創始人、總裁任正非接受了英國廣播電台 BBC 的專訪。這是他一生中接受的第四次國際採訪。

緊接著第五次就來了。三天後的 2 月 21 日，任正非接受了 CBS 今晨（CBS This Morning）的電視採訪，這是任正非有生以來第一次接受美國記者的電視採訪。

任正非一反常態 密集在國際媒體露面

任正非自稱「我是個羞澀的人」，不願拋頭露面接受採訪，特別是外媒採訪。不過就在此前一個多月的 1 月 15 日，任正非

在深圳總部邀請了彭博社、《華爾街日報》等多家國際媒體進行了兩個多小時的採訪，目的就是替華為漂白。

一個 74 歲的老人，也許是因為「想念女兒」，也許更因為自己公司的生存，任正非連續接受國際媒體的採訪，從「氣定神閒」的按兵不動到連續向外媒拋橄欖枝，外界都在揣測這位與中共高層一直保持緊密關係的「民企大佬」，為何突反常態的高調？

2018 年 12 月 1 日，就在美國總統特朗普與中國國家主席習近平就貿易戰達成 90 天「休戰」的協議當天，華為副總裁、CFO 孟晚舟在加拿大被捕。孟晚舟被指涉嫌對銀行作出虛假陳述，違反美國制裁伊朗的協議。

孟晚舟出事後，中共動用外交、宣傳、國安等國家機器進行斡旋，甚至放狠話指加拿大不放人後果自負。隨後兩名加拿大公民就在中國被抓，一名加拿大公民被改判死刑。而在整個過程中，孟晚舟的父親任正非卻始終保持低調，不僅在中國媒體中「隱形」，幾乎任何消息都沒有流出。

女兒被抓，父親為何不著急呢？因為有中共替他著急。

法新社報導指，中共官員對孟晚舟的態度也不太像是對待一名私企高層，更像是在伺候一位重權在握的政府高官。這從孟晚舟獲保釋返回住所當天，中國駐加領事便手捧鮮花去孟家登門拜訪就可以看出。北京用力如此過猛，引發外界的猜想：難道孟晚舟被引渡到美國進入司法程序會洩露北京的大祕密？

華為總裁任正非在自己女兒孟晚舟被捕後一直保持低調。文章說，任正非的表現似乎這場攸關他的公司和親人的官司與他無關，或者用不到他出面。顯而易見，這像是一場中共政府的官司。

BBC 說，孟晚舟事件讓一直以來「低調神祕」的中國通訊業

巨頭公司華為成為國際間的焦點。華為的「低調神祕」一是表現在它不走上市路線的獨特運營路線；二是其創始人任正非鮮少公開露面的個人風格。華為公司的透明度，長期以來成為引起外界諸多猜測和擔憂的一個重要因素。

不過眼看中共官方的救援不起作用，低調神祕的任正非不得不親自出馬，來應對國際輿論的強大壓力。

BBC 專訪：華為風險可控 加大英國投資

華為目前的形勢很嚴峻，隱約出現了「老鼠過街，人人喊打」的局面。

為了困境突圍，任正非避開美國的強大攻勢，把火力集中到英國這個「最識時務」的小的大國上。英國為了自己的利益，不惜脫離歐盟，表面上看很會算經濟帳，但實際上可能打錯了算盤。

華為為了任正非 2 月 18 日的 BBC 專訪，事前做了很多工作，不知花費了多少銀子。於是 BBC 專訪文章的標題就叫《英國說華為風險「可控制」 任正非稱「信任英國不退出」》這等於是在給華為解圍。

文章第一句就是：「中國華為參與英國的電信工程可能帶來的任何安全風險，都是可以掌控的。」這是英國國家網路安全中心（National Cyber Security Centre, NCSC）對華為公司可能給英國電信業帶來哪些潛在威脅作了全面評估後得出的結論。

與此同時，華為創始人任正非在接受 BBC 獨家採訪時稱，即使英國政府決定禁止華為參與英國的 5G 網路，華為也不會因此撤資。任正非表示：「我們會繼續在英國的投資。我們仍然信

任英國。我們也希望英國能更信任我們。因為如果美國不信任我們，我們將以更大的規模把在美國的投資轉移到英國。」

英國國家網路安全中心 NCSC 是英國情報機構，政府通信總部 GCHQ 的一部分。NCSC 認定，有辦法限制在未來 5G 超高速網路中使用華為設備的風險。

三至五年後才能控制風險 被騙很快簽協議

英國網路安全官員相信使用華為設備的風險「可控」，對美國遊說盟國禁用華為設備的努力是一個打擊。

NCSC 說，它對華為有著「獨特的監督和了解」。由 NCSC 負責領導的一個監督委員會「華為網路安全評估中心監督委員會」，2018 年在報告中列出了一系列要求華為解決的工程和安全問題。華為承諾將投資 15 億英鎊解決報告中列出的安全隱患，但警告整個過程可能需要三到五年的時間。

人們也許沒有注意 NCSC 的提問以及華為的回答，雙方可能都在演戲。

NCSC 在 2018 年報告中列出了一系列要求華為解決的工程和安全問題，這些問題解決了，華為的風險才可控。但是，華為回答要三至五年之後才能解決這些安全問題。也就是說，NCSC 的準確報告應該說，華為的風險在三至五年後、解決了安全問題之後才可控，而不是現在就可控。而華為也是先給出空頭支票，至於三至五年是否真的解決這些安全問題，那是以後的事，但現在的合同卻簽下來了。

NCSC 給出如此含糊的結論，其實他們是受到了英國網路運

營商的壓力。

運營商指出，由於 5G 網路實際上是 4G 的升級，華為設備無處不在，限制使用華為技術後果將很嚴重，對英國意味著 5G 網路的到來會出現重大延遲。目前歐洲的 5G 籌備工作比美國先開始，並且或許有能力趕上亞洲。

英國的多家手機公司，如 Vodafone、EE、Three 等，已經為 2019 年年底的 5G 網路商業發布做了充足的準備。他們計劃使用大量華為設備，但不是在核心網路中使用華為，而是在手機蜂窩站（基站／發射站／發射台）和硬體中將其連接到手機中央大腦的技術。

最近在倫敦召開的一次涉及三家主要運營商的背景介紹會上，得出的一個共識是：我們知道需要讓華為遠離我們網路中最敏感的部分，但全面禁止使用華為，這無論對 5G 技術的推出還是英國在這關鍵技術領域的角色都是災難性的。

運營商們表示，首要任務必須是保證國家安全，但第二個應該是讓英國成為世界電信領域的領導者。但他們擔心，拒絕華為將使第二個目標難以實現。

英智庫警告 NCSC 不要太天真 不負責任

2 月 18 日英國國家網路安全中心（NCSC）稱華為風險可控，但 2 月 20 日英國國防智庫「英國皇家聯合軍種研究院」（RUSI）警告稱，NCSC 的結論「可能犯錯」。

英國皇家聯合研究院（RUSI）是英國第一代首相威靈頓公爵（Arthur Wellesley）在 1831 年建立的英國國防與安全智庫。

RUSI 報告稱：「對容許華為參與 5G 建設，最好的說法就是天真，最差地說就是不負責任。」

報告暗示，給華為打開大門，將給國家通訊網路基礎建設打折扣。RUSI 報告還附和美國副總統彭斯（Mike Pence）於 2 月 16 日在德國慕尼克安全會議上發表演講時的觀點稱，華為是「威脅」。

彭斯說，中共的法律要求企業為北京提供廣泛的安全裝置，一旦接觸上這些企業的網路或設備，北京就有管道能夠獲取（關聯網路、設備的）數據。

RUSI 報告稱：華為的中國員工別無選擇，只能按照中共政府的要求做。

「RUSI」在 2 月 20 日對外公布的報告名為《中英關係：影響與干預的界限在哪裡？》，從七個領域，包括學術界和智庫、西方媒體和出版自由、言論自由和法治自由、公共政策與政治、間諜、對重要國家基礎設施的威脅和更廣泛的技術威脅等方面，揭示中共的干預。

報告稱，中共對外國干預的一個重要手段就是「精英俘獲」（elite capture）：任命在外國有一定影響力的人到中國公司、智庫或大學任職，目標包括前政要、公務員、商人和學術界或智庫的高級工作人員等。中共通常會給他們提供慷慨的諮詢費。此外，中共還安插自己人作為西方政治人物的顧問來推動其利益。

中共還控制居住在海外的中國學生、學者、商人以及海外華人，幫助推動它的利益。中共通常利用這些華人的親戚或商業利益為施壓槓桿來迫使他們這樣做。

RUSI 報告說，中共最重要的考慮，是確保能夠持續掌權，

它首要任務就是避免不穩定和動盪這些可能導致它被推翻的因素。因此，中共把控制海外對中共的評論，看得與在國內加強專制合法性一樣重要。

報告在每個領域都給出了相應採取行動的建議。

其實，華為也是用中共相同的方法，來影響和干預英國政府的。

蓬佩奧：美國不與使用華為的國家合作

2 月 21 日，美國國務卿邁克‧蓬佩奧（Mike Pompeo）再次對與華為合作的國家提出警告，其實就是針對英國和德國。

蓬佩奧表示，由於存在安全問題，美國將不能與採用華為技術有限公司系統的國家合作或共用信息。

其實，蓬佩奧的觀點從技術上看是正確的。比如歐洲國家和美國共同參加的北約，假如英國系統裡有華為的病毒間諜軟件，那隨著北約的聯網，病毒間諜就會感染其他國家，美國就會受害。

蓬佩奧說，美國一直在與其他國家談話，以確保他們「知道將華為技術納入其 IT 系統的風險。」「當他們了解了那種風險時，他們將會做出好的決定。」

「如果一個國家採用這個（華為系統），並將其置於（該國的）一些關鍵信息系統中，我們將無法與他們共用信息，我們將無法與他們一起合作。」蓬佩奧說：「我們不會把美國的信息置於風險之中。」

蓬佩奧在訪問歐洲期間，向歐洲盟友也強調了華為所帶來的風險，並警告歐盟國家說，採用華為將影響到其與美國的合作。

蓬佩奧此前也表示，如果有的國家繼續與華為做生意，那麼美國可能只好被迫縮減其在歐洲或其他地區的某些業務。

不過，蓬佩奧在訪歐期間也表示，美國只是分享自己的信息，各國將自行做決定。

華為先進的不是技術 而是國開行的免費貸款

對於美國不斷遊說他國禁止使用華為設備，任正非在接受採訪時說：「首先，我反對美國這樣的做法。這種出於政治動機的行為是不被接受的。」他指出，美國無法粉碎華為，世界也無法離華為而去，因為華為的技術更先進，「即使他們說服更多國家棄用我們，我們也可以隨時縮減規模。」任正非也承認，潛在的客戶流失可能會產生重大影響。

任正非稱「華為的技術更先進」，這句話是經不起考證的，華為用了很多美國的專利和核心晶片，一旦美國禁運，華為就得趴下。「世界無法離華為而去」也是偽命題，不靠華為，美國完全可以搞出自己的 5G。只不過現在 4G 還很好用，何必要馬上搞 5G 來浪費呢？任正非 1 月 15 日在深圳的記者會上也承認，5G 離人們的生活還很遠，不能急。

《新紀元》此前報導了，華為之所以這些年在海外得到迅速發展，最主要的原因是因為買家不用付錢就能得到比較好用的網路系統。

買家只要與華為簽訂了購買合同，華為馬上就讓中國國家開發銀行以極低的利息給這些買家貸款。比如合同簽了 1000 萬，買家不出一分錢，國開行就把 1000 萬貸款給他，他就直接付給

華為，等那些基站、系統修建起來、開始掙錢以後，買家再分期還貸給國開行。這樣，買家的風險基本降為零，日後不賺錢，還可賴帳不還貸。

而且華為極其擅長壓縮成本，華為員工的工資雖然比一般人高幾倍，但相對於他們的拚命付出，那點高收入不算什麼；而且華為擅長偷盜技術，人家花上億元開發的技術，華為偷來就用，基本不花錢，這些隱形成本就省下了很多；華為採購原材料時，也以購買量大而拚命壓價，於是，華為的成本就比歐美公司低了很多。華為在報價時，收費一般只有美國公司的 30%、歐洲公司的 50% 左右，所以，華為就能以低價中標。

據說，華為目前已有 30 個 5G 訂單了。

這是 BBC 制定的華為從 2009 年到 2017 年的收入增長情況。

失去歐美 華為將失去最大的市場

任正非還說：「即使西方的燈熄滅了，東方仍然會發亮。即使北方變暗了，還有南方。美國不能代表全世界，它只能代表世界的一部分。」

任正非說不怕美國，但他沒有說的是，美國代表了華為最大的市場，是華為想吃下的最大一塊肥肉。華為目前採用的是毛澤東那套「農村包圍城市」的做法，先拿下落後地區，但最終的勝利必須要占領歐洲、美國這樣的大城市，只有占有了大城市才算成功。華為的 5G 如果不能進入歐美，那就算失敗。

5G 匹配的電子技術高度發達的物聯網，只有在歐美發達國家才有用武之地，在亞非拉窮國，一個國家的網路用量可能還不

如美國的一個城市，怎麼能比呢？失去了歐美，華為的 5G 就是「巧婦難為無米之炊」、「英雄沒有用武之地」。任正非在這裡說瞎話，也只是給那些愛國五毛、小粉紅們畫餅充饑而已。

「他們抓孟晚舟，可能是抓錯人了」

對於華為和孟晚舟被起訴 23 項罪名，任正非說：「首先，我反對美國的所作所為，這種出於政治動機的行為是不可接受的。美國喜歡制裁其他國家，只要有問題，他們就會使用這種好鬥的方法。我們對此表示反對。但現在我們已經走上了這條路，我們將通過法庭來解決這個問題。」

任正非把孟晚舟被抓歸為政治動機，而孟晚舟被抓是因為違背禁令，出口禁運物質到伊朗以賺取高額利潤，同時欺騙美國銀行，這是經濟犯罪。即使華為是為了完成政治任務而負責幫助中共的盟友來對抗美國的敵人，即使在任正非這邊看是政治問題，對美國而言就只是經濟問題。

任正非還表示，孟晚舟事件「對華為的生意沒有影響，事實上我們發展的更快了。」他說：「所以他們抓了孟晚舟，可能是抓錯人了。他們可能是想抓了她，華為就會衰落，但我們沒有衰落，仍然在繼續前進。我們公司已經建立程序規章，再也不用依靠某個人。就算我自己哪天不在了，公司也不會改變前進軌道。」

任正非這句話又在忽悠人了。孟晚舟是華為的財務總監，其實她的主要作用就是幫助華為做一些非法的財務處理，比如違禁出口到伊朗、敘利亞的數億美金收入如何做帳等等，其他正常業務不需要她管，下面人自己就做了。

因此，少一個孟晚舟，對華為的日常營運的確影響很小。但對任正非來說，影響就很大了。

儘管任正非口口聲聲說華為是集體領導，職工持股，選拔接班人要任人唯賢，那為何要在 2009 年內定孟晚舟為接班人呢？論貢獻、論才華，華為接班人輪不到孟晚舟，那幾個輪值董事長，個個都比孟晚舟優秀，但就因為任正非不想自己辛辛苦苦打下的江山被別人奪走，所以才以血統論英雄，非要讓親生女兒接班。

其實那是害了女兒。如果孟晚舟不是華為的少東家，也就不會捲入那麼多犯罪行為中，也就不會被抓了。

華為撒謊 中共反恐法：電信設備必須留後門

任正非還對 BBC 強調，華為絕不會充當中國政府的間諜。他說：「我們永遠不會接受任何人要求華為設『後門』的指令，如果我們有任何這樣的行為，我本人會關閉公司。」

西方提起華為的安全威脅時，經常引述中共 2017 年《國家情報法》的規定，即中共情報工作機構可以要求有關機關、組織和公民支持、協助和配合中共的情報工作，不管是在境內還是境外。

除了《國家情報法》，中共《反恐怖主義法》也明確規定，必須給政府預留後門。

《新唐人》記者查閱到 2015 年 12 月 27 日立法的中共《反恐怖主義法》明文規定，中國生產銷售的電信設備必須為政府預留「技術介面」並交出密碼。「技術介面」就是老百姓俗稱的「後門」，這顯示西方對中國電信設備的安全擔憂並非源自有色眼鏡。

對於如何保障該法律條款的實施，中共全國人大 2014 年 11 月公布的《反恐怖主義法》（草案）中有詳細的規定。草案第 15 條要求：

「電信業務經營者、互聯網服務提供者應當在電信和互聯網的設計、建設和運行中預設技術介面，將密碼方案報密碼主管部門審查。未預設技術介面，或者未報審密碼方案的，相關產品或者技術不得投入使用。已經投入使用的，主管部門應當責令其立即停止使用。

「在中華人民共和國境內提供電信業務、互聯網服務的，應當將相關設備、境內用戶數據留存在中華人民共和國境內。拒不留存的，不得在中華人民共和國境內提供服務。」

該草案條款公布後，引來歐美國家政府、國會和商會的不斷譴責。批評者認為，這等於要求海內外電信業者無條件向中共公開所有信息，包括洩露用戶隱私、允許政府監視監聽、自曝產品敏感信息和加密解密專利技術等，其衝擊不僅波及電信業界，而且及於所有電信用戶，關乎所有人的基本權利。

迫於國際壓力，中共把草案第 15 條的規定大幅濃縮成正式法律的第 18 條，2018 年 6 月，《反恐怖主義法》又公布一次修正案。在第 18 條明文規定，「電信業務經營者、互聯網服務提供者應當為公安機關、國家安全機關依法進行防範、調查恐怖活動提供技術介面和解密等技術支援和協助。」

雖然正式法律條文的語氣有所緩和，但要求是一樣的，都要給中共預留監控的特權。

華為現在搞的 5G 就屬於互聯網服務，華為要是遵守中國的《反恐怖主義法》，那就得為中共預留後門，這是法律規定的。

事實上，近年來中國電信企業生產的手機、電腦、路由器等電信設備，不斷曝出被預裝監控後門的醜聞。中國其他企業都遵守了反恐法，華為也得遵守，任正非的辯解是站不住腳的。

在對美國的輿論反擊中，華為經常要求對方提供有關華為替中共從事間諜活動的證據。對此，一名歐洲官員舉例說明這不需要證據，就好比如果高度懷疑一家飯店的衛生不過關，顧客自然有權決定不到這家飯店用餐。

專訪任正非的記者、BBC 亞洲商業事務記者卡利什瑪·瓦斯瓦尼（Karishma Vaswani）認為，作為一個深居簡出和低調隱忍的人，任正非堅信自己過去 30 年來所建立的企業能夠經受得住西方政府審查一事上，似乎很自信，甚至近乎自大。

瓦斯瓦尼說，美國市場可能的確只是他整體業務的一小部分。但是當我問及他和中共軍方和政府的聯繫時，我看到那份信心退卻了。他拒絕接受對話，只是聲稱這些不是事實，只是指控。

「然而，我們的採訪過程中仍然揭示出任正非與政府密切聯繫的一些跡象。」瓦斯瓦尼表示。

任正非也證實華為內部有一個中共支部委員會，但他說這是所有在中國經營的公司，不論是外國還是本土公司，都必須遵守的一條法律。

《南德意志報》為華為減壓 中共解除封鎖

據自由亞洲電台報導，自 2 月 19 日起，很多英文媒體，包括 CNN、USA TODAY、NBC 等已能在大陸直接訪問，包括中華民國總統蔡英文在 CNN 的專訪內容都可以看到。不過，這些媒

體的中文網站並未解封。而且英國 BBC 和《德國之聲》等媒體依然保持封殺狀態。

外界分析，這可能是中共急於和美國達成貿易協議，而暫時針對美國釋放「善意」，過後這些解封的網站還會再遭封鎖。

另外，《德國之聲》記者 2 月 22 日發現，《南德意志報》的網站也能在大陸直接訪問了。而這家德文媒體和英國《衛報》早在 2014 年，就因為曝光中共高層親屬在加勒比海「避稅天堂」的祕密公司，而遭中共封殺。

值得注意的是，《南德意志報》21 日發表了一篇評論文章《紅色的不同光譜》，疑似替「某些中國企業」辯護。

《德國之聲》21 日引述了這篇文章的部分內容。文章稱，「並非所有的中國企業都是政府的傀儡，西方世界應當學會甄別和區分對待。」「不加區分地限制中國私營企業，反而會強化中國的專制政權。」

目前正值美國和中共圍繞華為 5G 在歐洲激烈博弈之際。推特網友指，這篇文章「只差沒有直接寫華為」了。

許多網友指出，這篇文章的作者余凱思（Klaus Muhlhahn），與中方關係密切。

余凱思是「德國漢學家」，現任柏林自由大學副校長、東亞研究所所長。他經常接受黨媒訪問，也常在德中企業的活動中亮相。有中共國安背景的北京大學黨委書記邱水平上任後，曾到柏林自由大學與余凱思洽談合作。2017 年，余凱思還曾出席柏林自由大學孔子學院的理事會並擔任理事。世界各地的孔子學院，被指中共對外進行文化滲透的機構。

華為 5G 爭奪戰 歐洲面臨重大選擇

BBC 採訪任正非的前後，華為不但讓英國情報機構對外稱華為風險可控，在與美國同屬共用情報網路的「五眼聯盟」中，新西蘭也表示不排除允許華為參與當地的 5G 通訊網路建設；德國議會情報與電信部門已經把對華為 5G 建設開放的意見於 2 月 19 日提交給德國總理默克爾，有消息稱德國將對華為開放本國的 5G 市場，但仍須內閣與國會正式批准。

2 月 21 日有消息人士稱，加拿大本土兩家電信企業，正在通過遊說請求該國政府給華為設備「開綠燈」。同日華為宣布，將在加拿大擴招 200 名研發人員，並在當地增加 15％的研發資金投入。

時事評論員夏小強分析說，歐洲多個國家對拒絕華為感到困難的一個主要原因在於，該地區的大多數運營商已經在使用華為的 4G 設備，估計占現有 4G 設備的 40％。現在如果用諾基亞或愛立信等華為的競爭對手的設備來升級這些網路，其實不是升級，而是完全需要重建，而繼續用華為的就是升級，兩者的成本差距非常大，這些都是運營商所不願意看到的。

另外一個重要的原因在於，中共在歐洲進行了多年滲透和布局。路透社 2018 年 12 月報導稱，華為的 22 份 5G 商業合同，有超過一半在歐洲。華為是英國電信和沃達豐等英國運營商的主要供應商。過去五年，華為僅在英國就在投資和採購上花費了 13 億英鎊。

華為近年來積極發展 5G 通訊技術，並成為「中國製造 2025」計劃的重中之重。5G 是第五代移動通信技術，與智慧網

聯相關的自動駕駛、智慧工廠等都離不開 5G 網路。

美國《國家利益》雜誌近期在一篇題為《華為與歐洲的 5G 難題》的文章中說，鑒於華為對歐洲市場的深度滲透，華為與歐洲的合作不可能馬上中斷，美國推動「非中國」5G 布局，最終可能會因政治分歧而導致兩大科技陣營出現。

美國中國問題和網路安全專家亞當·西格爾認為，美國和中國在高科技和 5G 這樣的一場競爭，最終結果是面對兩個不同的科技體系，其他國家不得不被迫作出選擇。

因此，在華為和使用 5G 的這個問題上，歐洲國家和加拿大正在面臨著一個重大的選擇。面對著美國和中共，需要選邊站隊。從表面上看，選擇或者放棄華為，事關企業和國家的經濟利益以及國家安全。但是，從深層來看，美國和中共雙方不同的科技體系的背後，是雙方所代表的制度體系、文化和價值觀。

華為不僅僅是中共穿著民營企業外衣的一個超級間諜機構，還是中共利用高科技滲透西方的平台和工具，華為在國際上所行之事，通過盜竊、滲透、收買等手段，最終顛覆美國和西方自由世界，用中共的紅色共產政權統治全世界。華為其實就是中共政權的縮影。

歐洲和加拿大如果選擇了華為的科技平台，深層其實就是選擇了認可了中共的黨文化和價值觀，認可了中共政權，與中共為伍，是極其危險的。

首次接受美國電視採訪 華為走不遠

2 月 21 日，任正非在接受 CBS 今晨（CBS This Morning）的

主持人 Bianna Golodrgya 採訪時表示：「他們把 5G 當作一種軍事設備等級的技術。5G 不是原子彈。」此次是任正非首次接受美國記者的電視採訪。

對於美國總統和副總統的華為威脅言論，任正非說：「首先，我要感謝他們兩位，他們兩位都是美國很偉大的人物。本來 5G 是什麼東西老百姓都不知道，結果他們這麼偉大的人都在談論 5G……我們的影響力擴大了，我們的合同在增加。」Golodrgya 答道，「這話聽起來有點諷刺。」任正非說：「請你轉告他們，我很謝謝他們給我們做了宣傳。」

任正非這是在強詞奪理，如果算宣傳，那也是毀滅性的負面宣傳。

不過，有中共以舉國之力給華為撐腰，華為還在發展中。

在 1 月於北京舉行的華為 5G 發布會暨 2019 世界移動大會預溝通會上，華為常務董事、運營商 BG 總裁丁耘表示，華為已與全球領先運營商簽訂了 30 個 5G 商用合同，其中歐洲 18 個，中東 9 個，亞太 3 個；超過 2.5 萬個 5G 基站已發往世界各地。與此同時，華為已經推出端到端 5G 自研晶片，包括雲數據中心、網路、終端方面的晶片。丁耘強調，華為的端到端是真正的端到端，從終端到網路到雲端全覆蓋。

2 月 18 日，上海虹橋火車站舉行了中國首個也是全球首個「5G 智慧火車站」建設啟動儀式，計劃在 2019 年內與華為合作完成火車站內 5G 網路室內系統設施的建設，上海也即將成為華為 5G 商用首批試驗城市之一。

然而，即使有了這一時的發展，長遠來看，一個不講道德的公司是走不遠的，除非改邪歸正。

從目前國際局勢來看，美國是堅決反對華為擴張，即使歐洲有些國家允許華為在本國參與 5G 建設，但他們也不會讓華為插手核心設備，華為的參與度和盈利額就會大大降低。

從國內形勢來看，華為是靠江澤民、江綿恆扶持起來的，跟習近平的關係很一般，特別是在美國全面圍剿中共的大背景下，就是 2018 年 12 月 1 日孟晚舟被抓的當天，習近平就知曉此事，而且當時習近平正在與特朗普會面，但習近平也沒有替孟晚舟求情。

也許是時機不對，也許是美國的證據太確鑿、由不得人質疑，反正習近平沒有像救中興公司那樣去積極營救孟晚舟。而且，在 2019 年 2 月 25 日中美第七輪談判結束後，特朗普總統特別指出，雙方沒有討論華為的問題。

這不是說華為被習近平拋棄不管了，而是相比於整個中國未來經濟的走向，華為對於全中國就是一件小事。在習近平眼裡，首要任務是阻止美國進一步加徵關稅，阻止中國經濟因為中美對抗而斷崖式地下墜，因此，習的首要目標就是要停止與美國打貿易戰，力求在 2019 年 3 月的兩會之前以最快速度和美國達成貿易停火協議。

不過，這次中共的談判對手非常難對付，不光特朗普總統一再謀取美國利益最大化，美國貿易代表萊特希澤也非常強硬，他不但提出要中共進行六大結構性改革，還提出美國要隨時能監督檢查中共的執行情況，這令習近平非常頭疼。

《新紀元》是全球最先預測中美將達成貿易協議的媒體之一，因為事件本身是由特朗普總統率先引起的，他提出要徵收高關稅，所以當 2018 年 11 月 1 日特朗普主動與習近平通話後，《新

紀元》當時製作的第 608 期封面故事「特習通話 緩兵之計或雙方讓步」就報導了美國想達成協議的信號。

中共想貿易戰停火，這是不言而喻的，因為貿易戰受害最大的一方，就是中共無法再出口美國賺取巨額的貿易順差，而美國因為中共的各種非關稅壁壘，出口中國的產品本來就少，即使兩國互不往來，吃虧的是中國，而不是美國。

這次假如中美真的達成了協議，對特朗普總統來說，無疑是個巨大勝利，用他以前的話說，這是有史以來第一次讓中國打開了大門。不但美國將有 1.2 萬億的商品賣到中國，讓美國企業大大受益，而且美國企業想到中國建廠或設立辦公室，都不會再遭遇中共那麼多的刁難與盤剝。

針對華為而言，華為是「中國製造 2025」規劃的重要參與者，從這點來看，習近平絕不會因為是江澤民扶持了華為而給華為小鞋穿，中國未來電信業發展還得靠著華為。雖然中共在美國施壓下，已經用另一個更為溫和的產業計劃來取代了 2025 規劃，但華為的重要性不言而喻。因此，習近平一旦有機會，也將會為華為說好話的。

估計 2019 年 3 月中旬，習近平與特朗普總統在他的海湖莊園（Mar-a-Lago）會面時，除了敲定最後的協議外，也許那時習近平會提出華為的事，至少會提出美國不要禁止出口核心芯片給華為。

第三節

引渡孟晚舟結局分析

2019 年 3 月 6 日，華為前財務總監孟晚舟在卑詩高等法院出庭。圖為孟晚舟離開住所去法院。（AFP）

　　不少人知道華為總裁任正非喜歡學毛澤東，特別是毛的厚黑學與詐術，任正非學得很到位。進入 2019 年 3 月以來，面臨引渡審訊的任正非女兒孟晚舟，突然反訴加拿大政府違背了加拿大憲法，隨後，華為又起訴美國政府違背了美國憲法。

　　這一唱一和，無疑是最後的掙扎與反撲，但結果並無多少懸念。

加拿大啓動引渡程序 孟晚舟反訴加方

　　隨著共產主義思潮在西方的漫延，美國、加拿大等西方國家制定出了很多所謂保護個人權益的法律，這給心術不正者留下很多空子可鑽。在高薪聘請的律師辯護下，有時能把黑的辯成白的，至少可以拖延幾年審訊時間。

3月1日，加拿大司法部宣布，啟動對華為高管孟晚舟的引渡程序，正式頒布「授權進行書」（Authority to Proceed）。加司法部在聲明中稱，經過「徹底而全面地」審視證據，認為案情符合加拿大《引渡法》所載要求，有足夠證據來啟動引渡的法律程序。

3月2日周六，中共外交部再發聲明稱，反對加拿大的引渡行為，要求釋放孟晚舟。中共為釋放孟晚舟，一直對加拿大採取報復行為，包括拘留了兩名加拿大人。

3月3日，孟晚舟的律師發表聲明稱，已於3月1日向加拿大不列顛哥倫比亞省最高法院，起訴加拿大聯邦政府、加拿大邊境服務局和皇家騎警。

起訴書稱，邊境官員以例行檢查為名，對孟晚舟進行搜查和審訊，以便在逮捕她之前搜取證據，違反其憲法權利。通俗地說，孟晚舟指控加拿大在未告知她的情況下，就對她進行逮捕、搜查和審訊，這些做法都侵犯了她的憲法權利。

3月3日當天，加拿大前駐華大使馬大維發推文質問中共，被捕的兩名加拿大人是否也能對中共官員提起孟晚舟這樣的控訴。

加法庭把聆訊推遲到兩個月後

3月6日，一身休閒裝、身背雙肩包的孟晚舟，在一群媒體人的相機快門聲中和保安的簇擁下走入卑詩最高法院，進行對其引渡程序啟動後的第一次出庭。

孟晚舟的表情和她的衣著一樣輕鬆。在短短15分鐘左右的

出庭期間，法庭敲定了孟晚舟引渡程序中的下一次聆訊日期是 5 月 8 日。

在法庭上，孟晚舟律師派克（Richard Peck）概述了孟方計劃在未來聆訊中採用的辯護方案，包括申訴加拿大皇家騎警和邊境官員在逮捕孟晚舟期間「濫用程序」，以及用美國總統特朗普曾暗示可能介入此案的言論，作為美方引渡孟晚舟有「政治性質」的證據。

孟晚舟對加拿大皇家騎警、加拿大邊境服務署（CBSA）、加拿大檢察長提起的民事訴訟，稱她在溫哥華機場被逮捕時，被要求交出所有電子設備並提供密碼，因此自己在《加拿大人權憲章》（Charter of Rights and Freedoms）之下的權利遭到了侵犯。

也許加拿大法庭想等中美貿易戰有協議之後，以及美國法庭確定如何處置華為之後，他們再來審訊孟晚舟的引渡問題。這與加拿大尊重美國的一貫作法相一致。

引渡程序進行的同時，另一起涉及華為的案件剛告一段落。

美國政府控告華為子公司竊取美國電信公司 T-Mobile 商業機密。起訴書提及，華為在 2012 年至 2014 年期間竊取 T-Mobile 用於測試智能手機耐久性的技術。

2 月 28 日，該案在美國西雅圖西區法院進行答辯程序。華為否認全部控罪。法院判定，案件將在 2020 年 3 月 2 日正式審訊。

儘管加國法庭把引渡聆訊推遲到兩個月後，但溫哥華當地很多從大陸移民來的華人，卻對此案表達了很清晰的態度。

來自溫哥華中國人權關注組的三名華人手舉在中國被拘的加拿大前外交官康明凱（Michael Kovrig）、商人斯帕弗（Michael Spavor）的照片，呼籲中方釋放兩人。關注組成員黃寧宇表示：「我

不擔心孟女士的人權受到侵犯,加拿大和美國的法律系統完全會保護她的權利。孟女士可以去各種地方,可以去餐館、去看電影。而那兩名加拿大人在中國被捕已經三個月了,還沒能和律師見上一面,我們擔心他們的人權受到侵犯。這也顯示中國的法律系統和加拿大的法律系統完全不同。」

另一名本地居民張新宇在法院外打出了自製條幅,上書「驅除中共間諜」(Expel CCP Spy)、「引渡孟晚舟」(Extradite Meng)等英文字樣。他表示:「按照美加司法體系運轉程序,孟晚舟應盡快被引渡到美國接受審判。如果孟無罪,會被釋放,如果有罪就應該接受美國的司法處罰。這個事不能拖,拖下去會浪費納稅人的金錢,所以我支持將孟晚舟盡快引渡到美國。」

華為起訴美國政府違憲和「入侵」

加拿大的 3 月 6 日晚上,就是北京時間 3 月 7 日的上午。幾乎就在孟晚舟反訴加拿大政府的同一天,華為也宣布起訴美國政府。反正華為早就花大錢從世界各地聘請了辯論第一流的律師。

3 月 7 日,在華為舉辦的新聞發布會上,華為輪值董事長郭平宣布華為將起訴美國政府違憲,同時還指控美國政府涉嫌入侵華為服務器。

郭平表示,他們是在得克薩斯州一所聯邦法院發起起訴,挑戰美國《2019 財年國防授權法》(NDAA)第 889 節的合憲性——該節在 2018 年 8 月由美國總統特朗普簽署列入法案,禁止聯邦政府機構及其合約合作方使用華為服務和設備。

當地時間 3 月 7 日,華為公司在深圳總部舉行記者會,該

公司輪值董事長郭平公布了華為公司決定控告美國政府違憲的消息。他說，美國國會通過頒布《國防授權法案》對華為進行限制是違憲的。

據悉，華為公司是 3 月 6 日晚間通過其開設在得克薩斯州普萊諾的分公司向得克薩斯州東區聯邦地區法院提起的訴訟，他們聲稱華為成為了一項違憲的「剝奪公權法案」的目標。

所謂「剝奪公權法案」是指通過立法判定個人或實體有罪。華為在美國設有業務總部。

「美國政府長久以來都將華為描述成一個威脅。」郭平在發言中還說，但他表示，美國情報機構「入侵我們的服務器，也入侵了我們的源代碼」。不過，華為未就此提供證據，也並未表示自己掌握相關證據。

港媒：突顯中共的流氓嘴臉

中共外交部長王毅當天表示，「中國政府支持相關企業和個人拿起法律武器來維護自身權益，不當『沉默的羔羊』。」

《蘋果日報》評論說，中共不在國內實行憲政、三權分立，反而要華為跑到美國去申訴這些憲法權利，豈不是等同跑到白宮前罵總統鬧笑話？

官媒《求是》雜誌上月刊登文章《加強黨對全面依法治國的領導》，一邊說中國「絕不能照搬別國模式和做法，絕不能走西方憲政、三權鼎立、司法獨立的路子」，但另一邊是「在對外鬥爭中，我們要拿起法律武器，占領法治制高點。」

《蘋果日報》說，中共一錘定音後，華為的指控與王毅的力

撐無非是配套的流氓騷，中共不只要享受西方國家的法治，更想做制訂國際規則的引領者。

文章表示，不走民主、法治道路的中共，在中美貿易戰中尚且只能打落牙齒和血吞，只能讓中國的企業和個人去美國耍耍流氓、罵罵總統罵罵國會。

文章說，網上的段子早已清楚刻畫了中共的流氓嘴臉：「你跟他講道理，他跟你耍流氓；你跟他耍流氓，他跟你講法律；你跟他講法律，他跟你講政治。」不管怎樣，中共都會有辦法耍流氓來對付你。

華為勝算不大 俄羅斯有前車之鑒

但是，法律，最終成不了中共攻擊西方的矛，也成不了守護其永續專制的盾。

有美國法學專家稱，華為對美國政府的控告勝算很低，因為有前車之鑑。早年間俄羅斯網路安全公司卡巴斯基也曾發起類似的法律挑戰，提起了兩項訴訟，但最終都遭到法官駁回。

3月7日，法廣引政府條約律師事務所合夥人特納（Franklin Turner）的話形容，華為的這場戰鬥「相當於不用繩索攀登珠穆朗瑪峰」。他對路透社表示，對華為而言，「這場官司將非常艱難，因為國會擁有很廣泛的權限保護美國的國家安全不受威脅。」

兩年前，美國國土安全部指示聯邦機構禁止使用俄羅斯網路安全公司卡巴斯基實驗室（Kaspersky Lab）的產品，國會也將該指令寫入了法律。這家俄羅斯公司隨後發起過類似的法律挑戰，提起了兩項訴訟，稱其不經審判便被專門針對他們進行懲罰，違

反了美國憲法。法官最後駁回了訴訟，指出指令是出自保護美國網路的正當動機。

芝加哥大學法學院教授施文（Steven Schwinn）說，卡巴斯基案與華為案極為相似，估計華為最終也難逃與這家俄羅斯公司同樣的結果。

美國絕不會放過華為

既然難以勝算，華為為何還要告呢？

中國問題專家橫河表示，中共想通過訴訟反擊美國政府，至少也要拖住，即使不能在美國獲勝，也要爭取穩住全球。「中共怕的是，一旦示弱就會步步失守，以致全線崩潰。」

另外有人說，美國能放生中興公司，也許習近平去求情後，美國也能放生華為。

其實，這種類推是不成立的。美國絕對不會放過華為。

在宣布對華為及孟晚舟的指控時，美國聯邦調查局局長克里斯托弗・雷（Christopher Wray）稱，「華為這樣的公司對我們的經濟和國家安全都構成威脅。」

2019 年 2 月 27 日至 3 月 2 日在美國舉行的保守派政治行動大會（Conservative Political Action Conference）達成的共識是，淡化或忽視俄羅斯對美國的威脅，強調中國威脅論。

《新紀元》此前報導了，如今的中美關係，已經從過去近半個世紀的全面合作，從 2018 年 3 月開始，拐向了全面對抗，不光特朗普總統和他的幕僚幹將們對中共強硬，就連曾經跟中共關係不錯的美國民主黨，以及全美民眾，都對中共的邪惡暴政表示

討厭和抵制。

對於華為，美國不但自己抵制，還在全世界範圍內勸說其他國家禁止使用華為產品，因為可能有間諜軟件等危險因素，因此，無論歐洲等國是否使用華為，美國是絕對不會對華為鬆手的，美國一定會以嚴厲手法來懲治華為。

華為自己也知道，美國絕對不會讓華為涉足美國市場了。2018 年 1 月，華為收購美國 A&T 失敗，儘管華為此次的市場推廣費就花了 1 億美金。這令華為徹底斷絕了攻下美國的信心。

此前華為為進軍美國市場做了很充分的準備，1993 年，華為在美國硅谷建立芯片研究所；1999 年華為在達拉斯開設研究所；2002 年華為在德克薩斯州成立了公司 Future Wei。另外，為了實現「農村包圍城市」的戰略目標，華為在亞非市場、中東、歐洲市場攻城掠地，最後目的就是拿下美國這個全球第一大高科技市場，然而華為還是被灌了閉門羹。

不是說美國歧視或欺負華為，而是華為自己的陰暗行為葬送了自己。

再說習近平是否會像救中興公司那樣救華為，習近平是否救孟晚舟，其實答案已經有了。2018 年 12 月 1 日孟晚舟被抓時，習近平就知道了，而且當時習正在與特朗普總統會談，但習近平沒有提及此事。

隨後在 2019 年 2 月底的中美貿易談判中，雙方也公開表示沒有談華為問題。這意味著什麼？很明顯，相對於習近平考慮的整個中國經濟面臨崩潰的險境，他不會明知美國不會放過華為而替孟晚舟和華為求情，習近平知道，即使真的求情了，對方也會嚴厲拒絕。

也就是說，美國、中國、華為這三方都非常清楚，華為問題是沒有協商餘地的，只能是刀對刀、槍對槍地幹下去。

如果要預測孟晚舟與華為官司的結局，即使 3 月底中美達成貿易協議，5 月份孟晚舟也有可能被引渡到美國。如是這樣，那美國真的與華為幹到底了，美國會重判孟晚舟，那她只能在美國牢房裡「孤舟向晚亭」，孤獨淒涼地度過餘生了。

那她真被父親給害慘了，被她的所謂祖國給害慘了。

還有個更大可能性是，美國鬆口，加拿大就一直把引渡聆訊延期，也就是說，即使孟晚舟能躲過美國的監獄，她也無法逃脫在加拿大兩座豪宅「家中坐牢」的命運。

至於華為，以前的成功都是建立在江派控制的國家開發銀行不計血本的扶持下獲得的，日後習近平是否還會繼續扶持華為呢？目前還不好判斷，但有一點，華為最強勁的日子已經過去了，假如中美貿易協議真的執行下去，華為再也不去偷技術、騙技術了，那華為的科技優勢也就難以維持下去了。

走下坡路，這是華為未來日子的寫照。

中國大變動系列 **073**

華為任正非真面目

作者：李明亮。**執行編輯**：張淑華 / 余麗珠。**美術編輯**：吳姿瑤。**出版**：新紀元周刊出版社有限公司。**地址** ： 香港荃灣白田壩街5-21號嘉力工業中心A座16樓03室。**電話** ：886-2-2949-3258 （台灣） 852-2730-2380 （香港）。**傳真**：886-2-2949-3250 （台灣） / 852-2399-0060 (香港)。**Email**：newepochservice@gmail.com。**網址**：shop.epochweekly.com。**香港發行**：田園書屋。**地址**：九龍旺角西洋菜街56號2樓。**電話**：852-2394-8863。**規格**：21cm×14.8cm。**國際書號**：ISBN978-988-78757-7-2。**定價**：HK$128 / NT$400 / US$32。**出版日期**：2019年3月。

新紀元

CPSIA information can be obtained
at www.ICGtesting.com
Printed in the USA
BVHW031654030419
544503BV00001B/85/P